has worked in China Institute of Finance, Central Bank, China Travel Securities Co.,Ltd, Haitong Securities Co.,Ltd, and later founded private equity fund Fortune Capital Partners and served as chairman. He has witnessed the various stages of the establishment, development and maturity of New China's securities market, and is committed to studying the underlying logic and strategy of securities investment.

INVESTMENT PHILOSOPHY

投资哲学

——安心投资策略及可转债原理与实战

于沪 ◎ 著

国文出版社
·北京·

图书在版编目（CIP）数据

投资哲学：安心投资策略及可转债原理与实战 / 于沪著 . — 北京：国文出版社，2025.--ISBN 978-7-5125-1866-7

I. F830.59

中国国家版本馆 CIP 数据核字第 20243DR859 号

投资哲学——安心投资策略及可转债原理与实战

作　　者	于　沪
责任编辑	侯娟雅
责任校对	杨婷婷
出版发行	国文出版社
经　　销	国文润华文化传媒（北京）有限责任公司
印　　刷	文畅阁印刷有限公司
开　　本	880 毫米 × 1230 毫米　　32 开
	8.5 印张　　　　　　　　133 千字
版　　次	2025 年 6 月第 1 版
	2025 年 6 月第 1 次印刷
书　　号	ISBN 978-7-5125-1866-7
定　　价	69.00 元

国文出版社

北京市朝阳区东土城路乙 9 号　　　邮编：100013
总编室：（010）64270995　　　　　传真：（010）64270995
销售热线：（010）64271187
传真：（010）64271187-800
E-mail：icpc@95777.sina.net

目录

序言　001

第一章　我们为什么要投资　007

一、哥伦布发现了什么　014

二、明朝的白银充裕促成了经济大发展　016

三、西班牙替人做嫁衣与荷兰的崛起　022

四、英国的金本位　025

五、金本位的普及与解体　028

六、凯恩斯革命　030

七、布雷顿森林货币体系　034

八、布雷顿森林体系的崩溃和无锚印钞时代　037

第二章　量子世界观中的货币与证券　043

一、重塑世界观：量子时代的认知　045

二、金钱神话和货币魔法　054

三、证券魔法：证券的值价二象性　069

四、股市不稳定的原因　077

第三章　康德的迷雾　083

一、复杂经济学的启示　089

二、证券市场自身的复杂性　097

三、意义就是解读　102

第四章　认识你自己　109

一、复杂的意识与浪漫主义　115

二、身体很诚实与身体优先　127

三、常识理性　132

第五章　安心投资策略　147

一、安心投资策略的原理　156

二、限制就是自由　160

三、看透复杂是能力，选择简单是境界　165

第六章　可转债与穿越熊牛　171

一、可转债简史　175

二、可转债的基本条款　180

三、可转债的安心投资策略　191

四、穿越熊牛　196

第七章　超出认知的预测就是"赌博"　201

一、不只是股市，社会以及战争都是复杂系统　203

二、一战爆发前的迷雾　207

三、高贵的普通人　219

四、大战在即　229

第八章　时间的意义　235

一、时间是什么　238

二、时间在投资中的意义　247

三、我们生活在时间里　250

后记　257

编后语　262

序言

全球利率终于越过1981年16%（以美国为例）的高峰，于1992年回落至5%以内，进入低利率时代。2008年金融危机爆发，美国迅速将官方利率下调到0.25%，许多国家随即纷纷仿效，全球进入超低利率时代。虽然这期间有过短暂的加息周期，但总体趋势依然是利率曲线不断走低。自2014年以来，我国10年期国债收益率中枢逐级下移，显示出长期利率的下行趋势，2024年的一年期存款利率已经降到1.35%，我们也已进入低利率时期。在这样的大背景下，引导储蓄进入投资市场是世界性趋势。人们的储蓄存款面临着通货膨胀的侵蚀压力，自然要寻求超越通胀率的投资方向，投资已经成为现代人的一种长期生活方式。

全球低利率时代大概率会延续很长时间，人们的投资需求也会一直延续。本书第一章旨在从五百年来世界经济、货币发展的历史进程中，推导出今天低利率时代的由来和势不可当的趋势。有一个适合于自己的长期投资策略无疑是面对这种时代大背景最有力的措施，本书提出的安心投资策略比较适合于普通投资者追求低风险、高收益的投资需求。

谈到证券投资，我们经常听到许多人风趣而生动地称之为"炒股票"，隐约含有一些短线投机色彩，也透露出一丝轻松、随意的意涵。其实证券投资是一门大学问，需要对投资标的、市场运行本质，以及投资者自身内在思维特性等有深入理解，并且找到适合自己的投资策略，才能安全地取得良好收益。第二章到第四章以现代量子世界观重新审视了证券、货币的本质，力图揭示证券存在价值和价格的二象性，从而导致股市存在不稳定性的根本原因。从复杂经济学和哲学的角度探索了证券市场等外部世界迷雾一般的复杂性。同时，从哲学、心理学以及中华传统思想史的视角，研究我们自己内心在投资过程中所经历的种种复杂体验、原因和解决方法。这些外在与内在的不确定性，导致了证券市场价格走势具有不可预测性，这也正是股市的魅力所在。

在此基础上，书中提出的安心投资策略是基于有利的不对称性原理，为投资者带来安全且收益良好的投资方法，能够有效实现低风险与高收益的兼容。本策略基于市场的不可预测性，用策略和纪律代替预测。低风险未必意味着低收益，正如高风险也不意味着一定有高收益一样，关键在于策略的选择和运用。只有确定性才是获得长期投资收益的可靠途径，只有适合自己的有效策略才是历久弥坚的财富增值保障。第五章和第六章分别阐述了安心投资策略的原理、运用方式，并且以可转债为例详细介绍了安心投资策略的实战应用方法以及如何实现穿越熊牛的投资周期转换。

为了直观、立体地描绘投资者们在股市中的实际决策过程，我们通过探讨一个众所周知的、发生在一百年前的公开案例，去形象、近似地揭开今天股价走势的神秘面纱。在第七章中，我们以第一次世界大战爆发前夕，欧洲列强经过怎样的犹豫、纠结而做出未必明智的决策过程，来阐释社会这个复杂系统是如何影响着彼此的决策。超出认知的预测，不是我们面对股市的明智态度，那近似赌博。投资有风险，是因为选择了不适合自己的投资策略和投资标的。

第八章谈到时间的意义。这其实是我在写作本书之前思考的一个有趣的问题，那时候我在研究持股时间的本质是什么。正是从这里开始，我系统地思考了普通投资者在证券投资过程中可能遇到的问题，促使我努力探寻这些问题的底层根源与逻辑，而不满足于表面原因的解释，从而深入思考了投资哲学的相关问题。时间在投资里的非凡意义，是等待打开熵增的大门。我们生活在时间的绵延里，投资并不是我们唯一的追求，它应该是生活乐章中的一个背景伴奏旋律。驱动我们的是我们潜意识深处不停涌动的情绪，这是我们的生命之源、活力之源，同时也是躁动之源。我们尝试用信仰、用艺术、用智慧进行疏导，用理性安抚意志，让我们理得而心安。

诚挚感谢所有曾经鼓励、支持我研究、写作和工作的亲友们，特别感谢我的老师复旦大学华民教授、丁敏教授在我写作过程中给予的有力指导和勉励，感谢翁义老师，感谢我的同学王云飞、于长福、刘立达、李华轮、孟艳、刘巧云以及我的女儿于景蕴曾经提出的宝贵建议和所做出的贡献。也希望借此抛砖引玉，引出大家更精彩的观点。

中国世界经济学会副会长华民教授在评阅本书全部书稿后，强调"土地和黄金是自然之物，货币是央行的负债，国债是政府的负债，股票之本是企业，企业之本在于创造价值。这意味着只有由优秀企业家经营的、具有长期分红能力的企业，及其可以被他人分享的资产（股票）才可以成为当今时代的安全资产。"这正是我们对优质可转债的选择标准。我们从深入追问货币的开端，分析经济的形成过程，探讨货币、证券的本质，探寻外部世界与自我内心的深不可测，到运用安心投资策略来规避这些不确定性，去获得满意的收益。所有这些，都是为了从心底获得投资的勇气！

于沪

2024 年 11 月 26 日于韩国釜山

第一章
我们为什么要投资

理性，就是追问开端。开端已经把未来的可能性都包含在自身。一切都会通过路径依赖传导到今天和未来。

我们司空见惯的货币带给人们许多方便，是人类最伟大的技术发明，在某种意义上塑造了我们目光所及的繁荣世界。同时人们感受到了通货膨胀的如影随形，假如存款利率一直高于通胀率的话，就不存在货币贬值问题了。但现实似乎不是那样。国际上，1971年一盎司（28.35克）黄金价值35美元，2024年一盎司黄金价值2500美元；在我们国家，30年前有1万元的存款就堪称富人，但如果他把钱一直存在银行的话，他早就不是富人了。人们常说投资有风险，其实不投资风险更大。

经过千百年来的经济演变，货币成为经济的动力和表达，这种表达无意间幻化成财富的形式。货币成了财富的形式，获得了货币就等于获得了财富，这种奇妙的等式赋予金钱自我创造财富的功能。金钱神话和货币魔法就这样涌现出今天高通胀和低利率的世界，仿佛是金钱神话的后遗症。今天人们通过工作取得主动收入、通过投资取得被动收入，利用余钱创造被动收入成为历史任务。我们已经进入了货币贬值时代，而且这个长期趋势很难改变，历史走到这里，投资并非可有可无，投资应该已经成为人们的生活方式了。它不但能克服通胀，运用得法还能取代主动收入，实现财富自由和时间自由。时间是生命的载体，是人们最宝贵的东西。

十年前的一个秋天，法国巴黎午后蔚蓝的天空一丝云彩也没有。在耀眼的阳光里，我随着熙熙攘攘各种肤色的游客人流，走进了凡尔赛宫的镜厅。这座由太阳王路易十四在1684年建成的欧洲最宏伟、最奢华的巴洛克式宫殿，承载见证了许多改变世界的历史时刻。走进镜厅，映入眼帘的是令人震撼的广阔空间，在穹顶大片镀金装饰的中央布满了大画家勒布伦的巨大油画，下面是24盏硕大的波希米亚水晶吊灯。镜厅面对一排高大落地窗的17面拱形落地玻璃镜，由357块小镜子镶嵌而成，路易十四时期镜子是极其珍贵奢华的象征，这不仅使大厅的金碧辉煌倍增，也倍增了它的明亮和炫目。镜厅因此得名，似乎也暗示着历史是一面镜子。

1871年1月18日德国皇帝威廉一世威风凛凛地在镜厅举行隆重的加冕仪式，宣布德意志帝国成立。这是普法战争法国战败后,德国对法国极大的羞辱。半个世纪后德国在第一次世界大战中战败,1919年巴黎和会也是在这个镜厅召开,法国总理克里孟梭终于报了一箭之仇,也埋下了动荡的种子。在那场影响未来的会议上,不但中国的代表顾维钧因山东问题拒绝签字,英国一位36岁的代表也因对不切实际、赌气式的天价战争赔款不满,愤然辞职。这位英国财政部的代表名叫凯恩斯,他多次警告巴黎和会的巨头们,不切实际的天价赔款不但最终拿不到,还很可能会引发第二次世界大战。在随后的岁月里,作为一名出色的经济学家,他还用最新的经济学原理回答了我们为什么要投资这个问题。

货币是人类发明的最强大的社会技术工具,可以自发组织、推动世界经济的发展,因此充足的货币供应量是必然要求。从遥远的古代到近现代货币发展史的演变,能够清晰地看到这个过程,今天的低利率时代不是一个历史的偶然。

货币出现已经有几千年的历史了,人们曾经用贝壳、铜钱、金银和纸以及电子符号做货币。可是货币在经济中的作用却往往扑朔迷离,经过千百年的迷惑、摸索,人们渐渐明白,货币不仅仅是交换媒介和价值尺度以及储藏手段这些中性概念，还具有不可思议的魔幻作用，货币本身就是驱动经济运行的涡轮增压发动机。

第一次世界大战打破了金本位，也打破了那个壮丽的连续世界，一战的浩劫和巴黎和会的战后安排让世界进入了另一个时代箱体。1929—1933年的大萧条警告人们，旧的经济学思想支撑的经济政策已经不符合时代进步的要求了，必须用新的经济运行系统取代旧的系统。因为时代变了，新时代要有新经济观、新理论、新系统。这个时候，凯恩斯创立了宏观经济学，为新经济系统找到了入门的钥匙，即不要留恋金本位，抛弃旧思维，升级经济观念，拥抱信用货币。摆脱金本位的束缚，彻底摆脱通缩，扩大货币供应量，转通缩为温和的通胀，彻底解放经济活力。同时居民存款利率低于通胀率的政策，迫使存款尽量多地流入投资，进而流入生产体系里。

虽然人们十分留恋金本位或者只是留恋那个诱人的金色概念，但似乎在一步三回头地蹒跚前行，英国在20世纪20年代短暂地恢复了金本位，然而五年后还是退出了。这让英国走出大萧条的时间比其他国家短一些。人们经历了1929—1933年大萧条的癫狂与重击，开始惊觉旧经济观无法适应新的时代，罗斯福新政代表了适应趋势的尝试。凯恩斯在不久后的 1936 年提出了他的宏观经济学，升级了经济观念，这就是"凯恩斯革命"。第二次世界大战无情地给世界以重创，在二战胜利前夕的 1944 年确立的布雷顿森林体系，制定了双挂钩美元本位规则，是向金本位的再一次深情的回眸。

1971 年 8 月 15 日，美国总统尼克松发表电视讲话，宣布关闭黄金窗口，放弃布雷顿森林协约。这意味着世界从此彻底抛弃了金本位，完全进入了无锚印钞时代。这听起来很可怕，其实无锚并不是无序，其中有复杂的理性控制。以国家信用为锚的货币发行体系，从根本性上摆脱了通货紧缩的困境，为社会经济发展解除了枷锁。

这就是说，社会的货币量一直在增加，人们普遍担心自己手里的钱会贬值。这个担忧是有道理的，毕竟增发货币会稀释社会财富。货币这项卓越的技术造就了今天的繁荣世界，留下来的货币后遗症像是一个甜蜜的烦恼，需要用投资去化解。

一、哥伦布发现了什么

我们回首五百年前的世界是怎样的面貌。自从君士坦丁堡陷落，阻断了千年的丝绸之路，欧洲不得不面向大西洋寻求出路。哥伦布没有想到他的那次远航会打破几千年的僵局，给世界经济发展带来了优质的发动机——充裕的货币。

哥伦布出身意大利热那亚的一个普通家庭，也没受过良好教育，年轻时随商船出海见过些世面，手边常带着一本《马可波罗游记》。他是个有上进心的人，为脱离自己低微的阶层，十分渴望通过努力将来成为贵族和富人。他经过不精确的计算，得出从西班牙向西航行4000公里就可以到达遍地黄金的中国。那个年代相信地球是圆的人还不是很多，是坚定的意志和无知者无畏的胆量，促使他一次次地去向周边国家王室寻求赞助出海去寻找中国。最终经过八年的等待，西班牙女王终于同意了，她觉得花费不多，不如小赌怡情一下，万一找到了呢？因为协议约定绝大多数收益是王室的。

后来，1492年的故事世人皆知，哥伦布发现了美洲大陆，虽然他始终坚称他到达的是印度。美洲的物产极其丰富，马铃薯、番薯、玉米引入欧亚大陆，解决了马尔萨斯陷阱问题。无论欧洲和中国都受益于这些高产的农作物，人口急剧增加，这就是著名的"哥伦布大交换"。另一项深刻影响世界历史进程的是新大陆巨量的白银的发现。

这时候哥伦布梦寐以求的中国正值明朝，和当时的欧洲一样，社会上最缺的是钱，确切地说是货币，是流动性。没有这个流动性，经济运行就像没有发动机的汽车一样，要人推着前行。

欧洲以往一直以金银为货币，金银产量不高，又要从东方购买香料、丝绸等贵重商品，导致金银外流，加剧了欧洲各国通货紧缩，致使贸易萎缩、经济停滞。美洲大量白银的发现，使西班牙一夜暴富，没想到哥伦布这个彩票中了大奖。于是白银和黄金源源不断地运往西班牙，继而涌入欧洲各国，给陷入通缩千年的欧洲装上了经济的发动机。货币的充裕带动了欧洲的经济大发展，同时也带动了物价普遍上涨，后来被称为价格革命。

在16世纪到17世纪由于货币量的充足供应，初步理顺了从自然经济向商品经济转变时期的价格体系，促成了商业革命。商业渐渐活跃，商品日益丰富，人们生活品质提高，物价每年涨幅在 1% 左右，涨了一百年，完成了价格革命。放在现在看这是很温和的物价涨幅，可是在当时的欧洲却是中世纪一千年来第一次物价整体上扬。这次金银供应量的大扩张，激活了欧洲的有效需求，促使了以纺织业为代表的众多产业相继兴起，是后来工业革命的最直接诱因。

当时欧洲是银本位，大量的美洲白银供应，人们手里有了钱就想改善生活，平时想买但缺失支付手段的窘境初步化解。购买的潜在需求被普遍激发出来，有效需求增加导致供给增加，激起了人们生产、购买的交易欲望，促进了贸易的大发展。从而分工更加精细，产品种类更加丰富，欧洲没有的、制造不出来的商品，就用白银去亚洲买，大规模的全球化贸易就这样开始了。

二、明朝的白银充裕促成了经济大发展

我们再把目光转向中国，当时是明朝中期。通过三条环球贸易线路，美洲新大陆出产的巨量白银后来大约有一半来到了中国。

中国是个金银矿藏较少的国家，自古以来的第一代主流货币是铜钱，比如秦半两、开元通宝等。到了宋朝，自然经济出现大发展，铜钱已经完全不能适应当时的经济总量，中国人就发明了世界上最早的纸币，当时称为"交子"。

1368年大明王朝建立，此时银矿只有云南有些开采量，远远不够全国的货币需求量。开国皇帝朱元璋索性禁止金银货币，开始滥发纸币，因为那时候还没有中央银行这种完备的金融体系，纸币的防伪技术也十分简陋，很容易伪造。大明宝钞也没有稳定、统一、充足的抵押信用保障，国家信用被破坏得体无完肤。

仅仅三十多年后到明成祖迁都北京时，大明宝钞已经沦为废纸一般。朱元璋对外实行闭关政策，片板不得下海，经济运行艰难晦涩。那时候因为通货紧缩，民间常常以物易物，即便农民向政府缴农业税都是实物上缴，就是按税率，你种什么就缴什么：种稻米的缴稻米，种蔬菜的缴蔬菜。明朝田赋率3%~6%，虽然不高，但这种低效率的缴税方式增加了数倍的交易费用。农民从家雇车运一车蔬菜进城缴税，等到城里排队上缴时可能已经烂了一半，税吏又层层刁难、盘剥，往往最后税率会翻十倍。社会经济陷入低迷是必然结果。

经过一百多年的纠结之后，在海外巨量白银发现之际，大明帝国不得不思考出路何在。必须重新回归理性，思考以白银作为货币的可能性。因为此时的大明帝国已经不自觉地融入一部分世界市场，知道自己的丝绸、瓷器、茶叶等产品是世界的抢手货，比如丝绸、青花瓷、景泰蓝已经成为世界明星产品。而世界市场通行的货币是金银贵金属货币，于是嘉靖四十一年（1562）帝国正式宣布废除金银交易禁令，承认白银为合法货币。这时千年困扰的问题还没有解决——全国缺乏银矿、银两，巧妇难为无米之炊。

不久隆庆皇帝继位了，他想到，国内白银产量少，何不从海外进口？一段时间后，海外走私白银大量增加，朝廷也证实了海外新发现了储量巨大的银矿。于是实行对外开放，1567年隆庆元年，皇帝下令开放海禁，承认私商出海从事进出口贸易合法化——这就是著名的隆庆开关。就此为患一百多年的倭寇自动消失，这样大量进口白银即顺理成章了。这个时候恰恰是哥伦布发现新大陆几十年后，美洲银矿产能已经规模化大量产出。大明帝国抓住了这个千载难逢的机会，和世界一起去解决通货紧缩的问题。

想引进海外白银,也不是想进就进的。没有高科技含量的世界先进产品,肯定是望银兴叹,谁也不会白白送给你银子。这里还是要说,我们古老的中国在欧洲工业革命以前,经济、技术是领先世界的,我们的丝绸、瓷器是令世界倾慕的高科技奢侈品。正因为我们产品出口的优势,赚取了巨量外汇——白银。据西欧官方统计,西班牙独占了当时世界白银的1/3,另外1/3流入了中国。其实加上大量的走私贸易的话,当时全世界一半的白银在中国。

1573年万历皇帝继位,借助宽松的货币环境,奋发图强。明朝经济空前繁荣,促使江南地区出现了资本主义萌芽,史称"万历中兴"。这与万历皇帝的老师、首辅张居正有关。虽然有了海外的白银来源,要在全国推行银本位也不是一蹴而就的事。当时人们对货币经济的作用还不太了解,这时首辅大臣张居正想出了个好办法——一条鞭法,以税收驱动全民接受白银作为日常交易的通用货币。当人们接受了白银作为货币并成为习惯后,白银就货币化了。1581年即万历九年,张居正下令全国所有农业税和徭役必须用白银缴纳,这样全国农民必须先在市场上出售自己的农产品换取白银,以便缴税。这样既培植了市场的发育成长,也培养了人们使用白银交易的习惯,两全其美。农民也很愿意用货币方式代替实物缴纳方式,毕竟实物缴纳的苦头他们早吃够了。这样,就在全国很快普及了银本位。

有充足的货币供应,就有了充裕的资本,在这样的时代背景下,人们发现只要自己努力生产市场需要的产品,市场就会购买。生产的越多,卖的就越多,市场上的钱似乎源源不断,取之不尽用之不竭。这样,无论是资本家还是普通百姓都发觉,只要努力工作就会赚钱,生产的积极性被极大地激发出来。人们手里有了银钱,就扩大消费,内需实现了长足进展。

此时江南地区工商业遍地开花,一片欣欣向荣。比如景德镇民窑瓷业空前发展,商人们沿昌江建窑制瓷,沿窑成市。独特的坯房、窑房、街区、集市、码头鳞次栉比,灯火通明,人声鼎沸,时称"陶阳十三里"。民窑的规模远远超过官窑,每座窑可容纳小器千余件,烧柴八九十担,这些瓷器大部分出口欧洲。工业经济的发展,带动大量雇佣工人出现,景德镇成为我国资本主义萌芽时期一个小小缩影。

同时，丝绸出口乘势创造了海上丝绸之路的更大辉煌，形成了全球范围的"银丝对流"。南美和日本超级银矿的发现，骤然释放了欧洲和日本对于丝绸这种奢侈品的购买力。例如，苏州在隆庆开关之后，丝织业迅速发展，半个城市都是织户的机房，朝廷为此在玄妙观附近设立苏州织造局，就是现在的观前街一带。万历皇帝委派信任的太监主持织造。这些太监住在织造局旁边的小巷子里，即现在聚集了得月楼和松鹤楼等一众老字号名馆的美食街，现在这条街仍然叫"太监弄"。

那时候苏州的经济极为繁荣，呈现出资本主义的许多特征。大量的工匠在多个特定的"人才市场"寻找工作，精于薄绢的工人聚集在玄妙观北的广化寺桥，精于锦缎的工人聚集在花桥，精于缂丝的则聚集在濂溪坊。不过，大多数工人还是聚集在玄妙观东边的"机房殿"。自万历二十九年（1601）后，苏州多次织工罢工起事都是以机房殿为据点，可见充足的白银会迅速激发出全民的工作热情，创造出巨大的财富。

晚明苏州民间丝织昌盛，暴富的商人们把东北半城开发为整洁风雅的人居佳地。名园大宅沿平江河蜿蜒而北，四散分布，这里就有闻名于世的拙政园、狮子林。

在明末清初时期，大名鼎鼎的钱谦益和他著名的夫人名媛柳如是，就在拙政园多次居住。当时拙政园的主人是钱谦益的好友，据历史学家陈寅恪的推测，柳如是频繁入住拙政园是在做丝绸的海外贸易。可见，当时的丝绸贸易多么繁荣。

经过持续百年的国际贸易大发展，明朝只出口自己的商品不进口外国商品，只要白银。这种重商主义倾向导致明显的贸易顺差，使得明朝积累的白银占了全世界的一半。那么作为明帝国主要贸易对象的欧洲，经历了百年白银外流，自己通货出现再一次紧缩迹象，也迫使研究万有引力的牛顿研究起了金本位。

三、西班牙替人做嫁衣与荷兰的崛起

哥伦布的成功给西班牙带来天量财富，金银滚滚而来，后来的欧洲普及了金币和银币流通。1500年西班牙成为第一代欧洲强国，后来成为第一个日不落帝国。到16世纪末期，西班牙的金银数量已经占世界的大半。如此猛增的货币量通过西班牙与欧洲各国的贸易和借贷，流入各国，并通过众多国家对中国商品的进口，又大量流入中国。白银流入中国的路径有三条：一是从欧洲通过贸易经葡萄牙租借的澳门流入，占到流入量的大部分；二是从美洲横跨太平洋经马尼拉流入中国进行贸易；三是从日本通过贸易流入，因为日本是银矿十分丰富的国家，是第二大产银地。

西班牙一夜暴富，王室贵族挥金如土。由于国家治理理念的陈旧，不是把抢来的金银用于挥霍就是放贷，把钱借给欧洲其他王室和教廷。西班牙的金融业只是王室金融业，没有培育起民间的信贷市场，更没有建立起国内的核心产业，是典型的产业空心化。而其他国家却利用贷款发展起自身强大的产业，走上经济良性发展的道路，比如法国、荷兰、英国等，西班牙为他国做了嫁衣裳。

之后荷兰取代西班牙成为欧洲第二个霸主。哥伦布地理大发现之后，世界贸易中心从以威尼斯商人为主的地中海转向了浩瀚的大西洋。此时荷兰还不叫荷兰，是属于西班牙帝国在西欧北部大西洋岸边的几个地势低洼、资源贫瘠的省份。帝国的权贵大家族很少住在这里，这里聚集的是来自全欧洲的小商人们，在1588年独立前通常叫作联省。与此同时，1517年马丁·路德在离此不远的德国发起了宗教改革，并在欧洲北部迅速发展。联省改信了基督新教，而西班牙一直以天主教为国教。联省虽然属于西班牙的领土，可是一直不受重视，得不到帝国的支持，再加上信仰的不同，受到变本加厉的打击。

联省也有优势，那就是它处于欧洲主要河流汇入大西洋的交汇处。这个有利的地理优势在于几乎整个欧洲内陆的货物，都可以通过莱茵河等几条河流，方便快捷而低成本地运输到联省的阿姆斯特丹、安特卫普等海港，装到远洋大帆船上，运往世界各地。为了自身的生存发展，众多小商人组成联省政府，建立了一套相对公平高效的行政管理体制，发明了新的交易方式——标准化交易所。1531年，最早的商品交易所在安特卫普开业，交易所提供交易品种，为商品竞价、成交付款提供时间、地点和方式等便利条件。商人们可以高效便捷地达成自己的交易，这样的创新大大降低了交易成本，提高了商业效率。

由于荷兰的金银货币短缺，又要应付巨大的交易量，有政府担保的借条应运而生。这些标有具体金额的借条，在商人之间可以等价于金银货币流通，并形成了市场，最后终于发展成了汇票。1609年阿姆斯特丹银行成立，成为世界上第一个现代意义上的银行。阿姆斯特丹银行发行的银行券,成为欧洲流行的货币,十分受国际贸易商们的欢迎——欧洲第一次流通纸币。

1609年还诞生了阿姆斯特丹证券交易所——世界第一个证券交易所。世界上第一个IPO(首次公开募股)——荷兰东印度公司首次公开发行股票,募集资金640万荷兰盾。这家公司通过创新性的筹集资金和先进管理方式,得到迅速发展。在此后的二百年中,该股的平均股息率为18%,而早在1600年成立的英国东印度公司则发展缓慢。荷兰是世界上第一个民主共和国,也是第一个资本主义诞生地、公认的第一个世界金融中心。

四、英国的金本位

英国在1688年完成了光荣革命,和平实现了君主立宪。支持议会的辉格党人和托利党人废除了詹姆斯二世国王,四顾茫茫。去哪里找一个能带领英国富强起来的国王呢?找来找去,找到了时任荷兰执政官的威廉,就找来做了英国国王,即威廉三世国王。因为威廉三世的夫人是老国王詹姆斯二世的女儿。他们一起把他的岳父老国王赶到法国，投靠了凡尔赛的主人路易十四。英国不但找到了国王，还顺便取代了荷兰的霸主地位，成为"新科状元"——第二个日不落帝国。威廉三世此时还在兼任荷兰执政，一人管两国，不过他对英国比较偏心，不但带来了当时世界最先进的金融技术和经济理念，而且政策还处处向英国倾斜。

我们前文提到的伟大的物理学家牛顿终于又出现了。在光荣革命前一年的1687年，牛顿发表了万有引力定律的论文。随后他在剑桥大学任教授，可是工作并不是很愉快，收入也不高。1696年英国财政大臣请牛顿出任英国皇家造币厂的厂长，他欣然同意就任高薪的新职。不过他是临危受命，英国是银本位国家，白银是它的主要货币，黄金是辅助货币。然而当时英国市场面临的是白银越来越少、黄金越来越多的局面。因为白银的购买力在欧洲大陆高于英国，黄金购买力与此相反。牛顿很困惑，拿出发现万有引力定律的劲头进行研究，终于明白了，既然黄金在本土便宜，无论铸造多少银币，都会被收藏起来或者运到国外去换取低价的黄金。这是劣币驱逐良币规律的作用与结果，规律不可抗拒，货币体系面临崩溃。那么，既然白银是良币，黄金是劣币，黄金驱逐了白银，索性就用黄金做主要货币——聪明如牛顿，成就了世界上第一个金本位制度。

英国白银短缺问题长期以来由于几个原因，一是白银持续流入亚洲，中国出口商品只收取白银。这样欧洲商人积极地用白银到中国进口商品，然后商品在欧洲出售，出现持续的贸易逆差，欧洲的白银渐渐减少，货币流通渐渐紧缩。二是格雷欣法则威力显现，英国的银币在常年的流通中会出现自然磨损，人为把足值的银币削边和削搓行为比较很普遍，他们用这些剥削下来的银碎屑去重铸银块获利。长年累月，流通中的足值货币越来越少了，而人们收到足值银币时，就收藏起来。好比我们日常生活中总是先花出钱包里最旧的纸币，留下较新的，这就是劣币驱逐良币。例如英国曾用面值达550万英镑的被回收劣币，重新铸成270万英镑的足值新币，国家一次就损失了280万英镑，但是这些足值良币仍然未能保持在流通之中。

17世纪欧洲战争频繁，例如席卷欧陆的"三十年战争"、英国内战、三次英荷战争等。战争的巨大开支无疑会消耗巨量人口和财富，造成贸易低迷、货币贬值。英国的金银比价比欧陆国家低，这样无论政府怎样禁止，白银依然持续流出，黄金持续流入。金银这种体积小，重量轻，运输容易，利润高的倒卖生意遍地开花，政府无能为力。

1717年牛顿提出货币报告，分析了欧洲各国以及中国、日本、印度的金银价格情况，认为英国白银短缺已经是无法改变的事实了。他建议英国使用黄金为主要货币，经严密测算，规定黄金价格为1盎司黄金=3英镑17先令10.5便士。以此比价发行英镑，英国开始走上实质上的金本位，充裕稳定的货币环境催生了英国工业革命。

五、金本位的普及与解体

1815年拿破仑战败后，英国在欧洲政治和经济格局中确立了霸主地位。这种核心地位带动了主要工业国家在1880年以后都实行了金本位，促进了当时国际汇率的稳定、国际贸易和国际资本的大发展，直到1914年被第一次世界大战打破。一战爆发后，巨大的战争消耗，迫使各参战国实行黄金禁运和纸币停止兑换黄金，国际金本位实质上解体了。

一战后英国短暂恢复了金本位，可是1929—1933年爆发世界性经济危机，各国却纷纷向英国兑换黄金，致使英国的国际收支陷入困境，英国在1931年终止了金本位制度。实际实行了二百年的金本位正式成为历史。

从1500年开始世界有了日益宽松的金银货币环境，无论是中国还是欧洲都产生了积郁已久的经济爆发力。人们有了充裕的支付手段，能买过去想买却不能买的东西。人们的有效需求大解放，促使生产商有了扩大生产的欲望，贸易商有了居中撮合的积极性，经济就这样被激活了。无论是明朝灯火通明的景德镇、人声鼎沸的陶阳十三里，还是英国工业革命的蒸汽机轰鸣，都是这种货币量解放所释放的巨大能量。

进入20世纪的世界，经历了两次工业革命，世界已经不是牛顿时代的世界。GDP（国内生产总值）、商品量、贸易量已经今非昔比，呈现百倍的增长。金本位和银本位的货币量已经远远不能满足经济的需要，实质上又陷入通缩的局面中。例如1929—1933年大萧条中，美国因为没有足够的货币去救助数以百计的商业银行，只能眼睁睁地看着它们倒闭，致使工商企业大面积消失，失业率高企。

六、凯恩斯革命

一战结束后，36岁的凯恩斯以英国财政部首席代表身份，参加了巴黎和会数月的冗长争论，之后在愤然辞职后回到伦敦于剑桥大学任教。在巴黎和会闭幕不到半年的时间内，他就出版了《〈凡尔赛和约〉的经济后果》一书，向世人展现了对于和约潜在风险的焦虑和担忧，坦言这种完全不顾德国偿还能力的报复性、不切实际的天量索赔，不但拿不到期望的赔偿，还会导致德国万念俱灰、铤而走险。这本书使他一举扬名世界，并成功使经济学对未来世界的形成发挥了更大作用。在这之后，他花了十六年时间写出了《就业、利息与货币通论》（以下称《通论》），提出对19世纪的经济学进行升级换代，以适应一战后的新世界。

凯恩斯1902年毕业于著名的伊顿公学，以优异的成绩考取了剑桥大学，学习数学和哲学，后来师从当时著名的新古典经济学领袖马歇尔学习经济学。凯恩斯的父亲是剑桥大学的哲学教授，母亲是作家和剑桥市市长，家庭的熏陶和教育让他从小就具备一种忧国忧民的责任感和同情心。他创建的宏观经济学和爱因斯坦相对论以及弗洛伊德精神分析法一起,并称为20世纪人类知识三大革命。凯恩斯毕业后以第二名的成绩考入财政部工作,1919年代表英国到巴黎参与巴黎和会赔偿委员会工作。在冗长的无休止的争吵辩论中,他看清了各国在决定关乎人类命运的重大时刻,哪些是建设性的想法、哪些是丧失远见的一意孤行。

美国总统威尔逊理想主义的"十四点计划",打动了包括德国在内的无数人,促进了德国投降的进程,在1918年11月突然让世界脱离那曾欲吞噬一切的险境。法国总理克里孟梭在凡尔赛镜厅里说:"四十八年前的今天,德意志帝国就在这个大厅里诞生,由于它生于不义,必将死于耻辱!"他要让德国几辈子都无法翻身的复仇心态可以理解,但这关乎世界命运的大事,怎么能意气用事、纸上谈兵?英国首相劳合·乔治则疲于周旋其间。

凯恩斯在《〈凡尔赛和约〉的经济后果》中认为,以英、法、美为首的协约国希望向战败国德国索取巨额赔款,以弥补自己的战争损失。他们看似是在给自己疗伤,实际上是给整个欧洲在伤口上撒了一把盐。《凡尔赛和约》没有提出一个战后如何重启欧洲经济的有效安排,反而埋下了二战的隐患。人们在书中看到了他的深邃与远见——这一切在十年后演变为20世纪30年代的经济大萧条，继而使那个小丑希特勒竟然轻而易举地征服了理性的德国人的心，终于演变为1939年的二战爆发，这是《凡尔赛和约》的遗产。

20世纪30年代大萧条时期，盛行已久的古典经济学束手无策，不能有效地解释和对应失业和经济危机。凯恩斯敏锐地感觉到，过去的经济理论是在经济规模和复杂程度远低于当代时形成的，而且货币非中性作用也没有被充分而深入地认识。1936年他出版的《通论》，在经济学思想上具有开创性、革命性，是随后"宏观经济学"得以发展的主要思想源泉，其思想后来形成了现代经济宏观调控的主要思想体系。

当时流行的古典经济学认为，市场机制可以自主实现资源的有效分配、供需会自动平衡，但是他们忽略了，在经济危机关头，经济极度萧条、信心尽失的时候，如果等待市场自己去慢慢疗伤、恢复、复苏。可能需要很长的传导时间，也许会是几年、十几年甚至几十年。如何争取时间，让经济尽快复苏、繁荣，尽快解决亿万人民的就业和得到富足的生活，是凯恩斯经济学面临的任务。

萨伊定律是古典经济学的核心观点之一，主张"供给创造需求",即生产出来的商品同时会创造出来足够的工资等收入,从而形成足够的需求。凯恩斯革命就是革萨伊定律的命,凯恩斯认为失业是由于总需求不足造成的。由于总需求不足,产品滞销,引起生产缩减,工厂解雇工人,造成失业。那么就要扩大总需求,总需求由消费需求和投资需求两者组成。由于边际消费递减规律的存在,消费达到极限后,就难以增长,这样就要努力扩大投资需求。

怎样才能扩大投资需求呢?如果银行存款利率高,那么人们会把手里的钱存在银行,既安全、简单又能赚取高利息回报,何乐而不为?然而政府为了整体经济走出低迷、繁荣发展、扩大就业,让每个有工作需要的人都能找到适合的工作,也就是充分就业,一个行之有效的方法就是设法降低银行利率。美国利率常常是接近0,欧洲则出现了负利率,客户在银行存款,还得付银行保管费。同时由于货币充裕,通货膨胀率会有温和上涨。这样就把储蓄存款引导进入投资当中,因为不投资的话,自己的存款就会贬值。大家都把余钱拿去投资之后,社会各行各业充分激发和运作,从而达到走出萧条、实现经济持续繁荣。

七、布雷顿森林货币体系

凯恩斯的远见卓识令二战后期的同盟国汲取了巴黎和会的教训，国际社会于胜利在望的1944年着手建立战后国际安全秩序和世界经济秩序。战后国际安全秩序的建立始于1944年8月在美国华盛顿附近召开的敦巴顿橡树园会议，会议提出了建立联合国及安全理事会的基本框架协议，一直沿用至今。战后世界经济秩序的建立始于布雷顿森林会议，于同年召开，旨在为全球经济复苏建立起国际经济合作体系，它第一次以世界性的协定形式明确规定了国际货币制度的规则以及执行和维护手段。具体通过国际货币基金组织（International Monetary Fund，IMF）和世界银行（World Bank）进行运作。安全和经济这两个国际组织就像是承载世界前行的两个车轮，它们的成立是为了保障战后人类社会稳定、繁荣和发展。

1944年6月盟军在诺曼底登陆成功，很多电影里无数次地再现了那场登陆战的波澜壮阔。当盟军士兵迎着枪林弹雨冲上海滩时，同盟国胜利已成定局。1944年7月在美国的倡议下，美、苏、中、英等44个同盟国代表 730 余人，到达美国华盛顿附近的布雷顿森林镇，出席"联合国货币金融会议"，即后来大名鼎鼎的布雷顿森林会议。其中中国代表团 32 人，规模仅次于美国，时任财政部部长孔祥熙、驻美国大使胡适等都是代表。作为英国代表团团长的凯恩斯此时已经是偶像级的人物了，是会议上的顶级明星。

其实虽然参会的国家多达 44 个，但是会议的核心成果基本是在英国和美国之间达成，并且已经酝酿了三年之久，早在 1943 年代表英国的凯恩斯提出了"凯恩斯计划"、代表美国的财政部部长助理怀特提出了"怀特计划"。历经二十多天的会议最终决定建立统一的以美元为主的国际货币体系，规定美元与黄金挂钩（1 盎司黄金 =35 美元），其他国家货币与美元挂钩，即"双挂钩"的美元体系。同时其他国家货币与美元实行固定汇率，只能在法定汇率上下各 1% 幅度内波动。

虽然凯恩斯在会议上每次都能以他渊博的经济学理论知识、明星经济学家的光环以及极具魅力的口才，令怀特总是处于下风，但是最终还是实力决定结果，美国当时控制着世界 80% 的黄金，而包括英国在内的其他国家已经被战争折磨得体无完肤，没有足够的谈判筹码。

最终怀特计划得到采纳，凯恩斯只能无奈地接受。不过他深知这个体系设计中有无法克服的缺陷，不久的将来就会崩溃。

1945年2月的雅尔塔会议确认了敦巴顿橡胶园会议提出的方案，决定成立联合国，保障了维持至今的国际安全大格局。由于种种原因苏联最终未能加入布雷顿森林货币体系，从而使布雷顿体系游离于雅尔塔体系之外，也使得美苏关系陷入经济旋涡并且导致了后来的冷战格局。

但布雷顿森林货币体系在国际金融历史上的进步意义不容抹杀。20世纪30年代大萧条迫使国际金本位崩溃后，世界货币体系四分五裂，各国无休止的贸易战、货币战导致世界经济危机频发。战后布雷顿森林体系结束了国际金本位崩溃后国际金融领域的混乱局面，使得西方世界出现了长达四分之一世纪的长期繁荣。由于美元成为世界货币，美国通过马歇尔计划的贷款、援助方式，成功地向其欧洲盟友注入1350亿美元，在世界范围内扩张了货币，扩大国际贸易，使经济达到了一战前金本位时期以来从未有过的繁荣。对比一战后《凡尔赛和约》对世界经济不切实际的安排，或者说是对经济运行的认识还不够深刻，造成一战后经济恢复的混乱、危机和大萧条，以至于最终引发了损失更为巨大的第二次世界大战，布雷顿森林体系虽不完美，但作为一个战后百废待兴的过渡体系安排还是比较成功的。在那个时点，那个布雷顿森林的夏天，那44个国家的代表都在担心着自己国家的战事。对于枯燥、深奥的货币问题，他们大概更理解和眷恋金本位，这个最终达成的体系就是向金本位最后的回眸。

八、布雷顿森林体系的崩溃和无锚印钞时代

1971年8月15日美国总统尼克松出现在电视的画面里，他宣布关闭黄金窗口，停止按35美元1盎司的价格兑换其他国家持有的美元，运行四分之一世纪的布雷顿森林体系崩溃了。1973年12月西方十国达成新的国家货币制度协定，史称史密斯协定。规定美元一次性贬值7.89%（38美元=1盎司黄金），并允许各国货币对美元在法定汇率上下各2.25%的幅度内自由波动。这虽然能暂时缓解一下国家货币体系的紧张局面，但解决不

了实质性的特里芬难题。

由于吸取了一战后的教训,二战后各国重建伊始就有了金融和贸易等相关行之有效的规则准备。各国经济迅速恢复、发展,国际贸易不断增长,1958年底欧洲国家实行了经常账户自由兑换后,布雷顿森林体制运行的弊端就慢慢暴露出来了。

国际贸易量快速增长,超出很多人原来的预期,市场所需要的美元越来越多,于是更多的美元被美国创造出来流入国际市场。当国际市场充斥的美元价值量大幅度地超过美国金库中的黄金价值量时,各国政府不得不开始怀疑手中持有的美元与黄金之间,还能不能维持当初约定的兑换比例,于是各国开始挤兑黄金了。

经济学家特里芬在1960年就预示了,双挂钩这种变相的金汇兑本位必然会崩溃。他认为,一方面美元要通过贸易逆差,去提供越来越多其他国家的国际储备流动性,满足国际市场对美元这个国际货币的需求,因为当时国际商品大多以美元标价和结算;另一方面作为美元发行"锚"的黄金产量增长却十分缓慢,难以维持美元与黄金间的固定兑换关系。特里芬的难题也是所有人的难题,到20世纪70年代初,法国等国家不断用手中的美元挤兑黄金，一船船的黄金从纽约被运往欧洲。美国的金库里的黄金真的不够用了，这才有了尼克松在电视里的那一幕。

布雷顿森林体系崩溃了，从另一个层面证实了经济总量的不断增长对货币的增长是刚需。当货币受到黄金白银等贵金属产量不成比例的限制时，这种体制已经不科学了，不适应现代经济的发展了。那么打破这种僵化的体制，充分解放货币量，就像哥伦布地理大发现释放了银本位的充足货币量所激发出那种澎湃的市场能力一样，世界又一次摆脱了货币紧缩的束缚。

有人说20世纪70年代的无锚印钞开启了高通胀的时代。那个年代的通胀率确实高，如果回看一下当时的其他因素影响，就不会把所有的责任都推到货币发行的头上。比如1973年10月第四次中东战争爆发，阿拉伯产油国为了打击支持对手以色列的西方国家，联手宣布收回石油定价权，提高价格，并宣布石油禁运，暂停出口，造成石油价格急剧上涨。1973年12月第一次石油危机时的原油价格，从原来的每桶3美元一下提高到10.65美元。到了1980年发生第二次石油危机时已经涨到35美元一桶了，原油价格在经济中的作用和对通胀率的影响不言而喻。

货币的非中性作用被越来越多的人认识。五百年来对货币的认知和研究，到凯恩斯时给出了明确的理论。电视新闻里耳熟能详的"扩大内需""积极的财政政策""稳健的货币政策"等，都是这个理论的具体政策化。当今时代世界主流国家的经济政策基本都遵循这个理论，它必然影响社会的方方面面，影响每个人的生活。这个经济理论用低利率把居民存款引导至投资里，不然存款不但不能增值，还会被通胀所蚕食。因此，你不得不去投资，投资已经不是喜不喜欢，而是必须考虑的问题，投资已经是现代社会的一种生活方式了，不管是否被充分意识到。

温和通胀和无锚印钞并非无任何遵循依据，一般定义的温和通胀率是2%左右。各国中央银行都在时刻密切关注各项经济指标的动向，运用货币政策工具去控制通胀率保持在温和的状态。货币发行也不是随便滥发，如果说无论如何一定要找一个遵循的话，例如美国货币发行逻辑是以国家信用为锚，是通过发行国债投放基础货币的债务驱动型模式，表面看美国债务高企，其实这和其货币发行模式有关。各主要国家近些年来努力控制通胀率，力图控制在 2% 左右，而存款利率则接近于零，欧洲甚至出现了负利率，这样人们的储蓄存款不得不去寻找投资途径。

第二章
量子世界观中的货币与证券

2008年11月穿着优雅的伊丽莎白二世女王访问了著名的伦敦政治经济学院。她彬彬有礼地向学者们提出"为什么没有人预见到这场巨大的金融危机?"这一问题,令学者们面面相觑,无法立刻给出有效回答。会后英国几乎动员了全世界的优秀经济学家来研究这个"女王难题",并于2009年6月17日召集这些学者在伦敦召开了一次专题论坛,按照会议的结论,经济学家们联名给女王写了回信:"的确有一些人预见了危机,但是,却没有人能预见危机具体发生的形式、时间和危害程度。"为什么全球顶级精英们都无法预见到危机爆发的时刻呢?

一、重塑世界观:量子时代的认知

千百年来科学家们对世界本质进行着不懈的探索,量子力学出现后,人们对世界本质的认识跨上了新的台阶。量子力学对原子层面的揭示,让人们看到在神秘的微观世界存在着天生的不确定性,这对宏观世界也存在某些适应性。量子世界观认为"观察者创造现实",观察者在某种程度上因为不同的认知、态度、视角而创造出不同的现实和意义。观察者影响、创造所观察的事物,两者密不可分。现实的呈现方式受观察者的影响,甚至在某种程度上由观察者塑造。海森堡说过:"原子什么也不是,只是倾向。"所以与其思考事物,你必须思考机率。

量子力学诠释了世界本质的三个主要方面,其中量子力学的第一个重大发现是——分立性,并且因此得名。量子即基本微粒,在这个尺度层面一切都是断开的,并不是连续的。对一切现象而言,都存在着最小尺度,在量子力学里称为普朗克尺度,最小的时间尺度称为普朗克时间,约为 5.39×10^{-44} 秒。在这一极小层面,时间的量子效应开始显现。如果可以用能够想象出的最精密钟表去测量一个时间段,我们会发现测得的时间只能有不连续的取值。时间并没有均匀地流动,而是像袋鼠一样从一个值跳向另一个值,不再是连续的。也就是说,在量子层面时间概念不复存在,这大概就是虚无。

何为空间?真空中没有物质,但是有场,量子场形成了一个空间的状态。量子场——是空间中弥漫着的基本相互作用，是物理学中以时空为变量的物理量，例如电磁场、引力场等。量子物理学家卡洛·罗韦利这样描述空间、时间、宇宙和世界：分立性在自然界中无处不在，常以分立的形式显现——基本粒子、光子、引力子，或者其他量子。这些基本粒子并不存在于空间之内，而是形成空间。世界的空间由它们之间相互作用的网络形成。它们并不居于时间之中，而是相互作用，只有在互相作用时才存在。

量子在互相作用中与发生相互作用的事物相关联，并显现自身。这些互相作用是概率性的，只有在与一个物理系统相互作用时才会出现。世界就像是相互关联的点的集合，谈论"从外面看"的世界是没有意义的，因为没有什么在世界的"外面"。引力场的基本量子存在于布朗克尺度，布朗克长度是 10^{-35} 厘米，在这个尺度一下，空间不再是原来的意义。是这些基本量子以及它们的互相作用，决定了空间的延展和时间的间隔。这好比法国新印象派的点彩技法，他们不用轮廓线划分形象，而是用点状的小笔触，通过合乎科学的光色规律的并置，让无数小色点组成形象。印象派大师保罗·西涅克《马赛港的入口》用彩色的点描绘了色彩明丽、和谐的世界，仿佛透露了世界的本质。

空间邻近的关联把这些空间微粒联结成网，称之为"自旋网络"。这些网络进而会通过不连续的跳跃彼此转化，成为在理论中被描述为"自旋泡沫"的结构。这些跳跃的出现绘制出的图画，在大尺度上好像是时空的平滑结构，在小尺度上则是不连续的量子时空，一大群疯狂的量子出现又消失。在这种理论中，时间和空间不再是容器或者世界的一般形式，它们只是量子动力的近似，其中既不包含时间，也不包含空间，只有事件与其关联。

在哥白尼之前人们认为是太阳在旋转，后来知道了原来旋转的是自己。16世纪哥白尼、开普勒、伽利略等早期科学家，在数学、天文学、物理学领域的探索，演化出更加依赖分析推理、以数学规律而不是以精神原则为基础的自然世界观。后来笛卡尔坚信科学的绝对确定性，他把宇宙看成是一个巨大的钟表。

到了17世纪，牛顿进一步拓展了笛卡尔的理论，把宇宙描绘成一个庞大、精密的机械时钟。就是大多数人三百多年以来，不知不觉所信奉的机械范式的世界观。牛顿机械论世界观的一个核心原则是决定论，即根据过去和现在可以预测未来。就像那只拉普拉斯妖，驱使人们运用因果律去寻求确定性，对于不能运用数学等演绎逻辑的领域也去用这把锤子，手里有锤子看什么都是钉子，不管它是不是钉子。人们也因此会产生焦虑，觉得本来手里的股票应该和自己的研判一样上涨一倍。如果没有和自己的预测一致的话，必定会产生对自己和世界的怀疑和不解甚至焦虑，这是世界观的错配，只是有些人还未认识到。

20世纪量子力学取得的重大发现，已经经过科学家和哲学家的论证，然而还没有在人们的日常生活中得到更广泛的应用，还没有形成普遍的世界观。

我们再回到量子力学的第二个重大发现——不确定性。记得我刚上初中的时候，每天上学的路上会经过一个大大的路边广告牌，上面画着实现"四个现代化"的美丽图景，其中代表科学的标志是一个原子结构模型——几个电子按照一定的轨道围绕原子核旋转运动，和行星围绕太阳运动类似。改革开放初期，这个原子模型图在课本、杂志里随处可见，它代表着人们热切盼望实现科学现代化的期待，这个原子结构观念已经深入人心。可是在1913年，量子力学哥本哈根学派的创始人玻尔，提出了不同的原子结构图景。玻尔模型在行星模型的基础上提出了核外电子是分层排布的，电子在同层内运动是不辐射能量的；不同层面上的电子具有不同的能量；只有当电子从一个层面跳跃到另一个层面时，才会辐射或吸收能量，比如会发光，这就是电子跃迁。几年后海森堡和薛定谔在此基础上又提出了电子云模型。

电子跃迁到底是什么意思呢？它的本质含义是什么呢？这个问题在1927年由25岁的德国人海森堡破解了，那时候他是玻尔的学生。有一天晚上，海森堡在公园里散步途中突然找到了灵感，公园里稀疏的路灯的光圈被大片的黑暗分隔开。他突然看见有个人经过，实际上他并没有看见那人走过，只是看到那人在灯光下出现，之后消失在黑暗中，然后又在另一盏路灯下出现，就这样从一个光圈到另一个光圈，最终彻底消失在夜色中。海森堡突然想到，这就类似于电子的跃迁。他马上跑回家去进行计算，得出了奇怪的结果：不可能同时精确确定一个基本粒子的位置和动量。在对粒子进行描述时，并不能描述粒子在任意时刻的位置，而只能描述它在某些瞬间的位置——粒子与其他物质相互作用的那些瞬间。这就是海森堡提出的不确定性原理——知道了粒子的位置就测不准它的动量，反之亦然。类比一下股票，当你知道它的所有权时（自己已经买入），你就测不准它的价值（不知道它到底值多少钱），直到你卖掉的时候，你知道了它的确切价值，但你不知道它的所有权了。

不久后，英国人狄拉克在玻尔和海森堡的基础上，把量子力学从杂乱无章的灵感和不完整的计算、构想，变成了一个完美、简洁、优雅的体系。玻尔评价他说："在所有物理学家中，狄拉克有着最纯洁的灵魂。"我看到狄拉克的照片，他的眼神极其清澈，他的物理学理论一如他的眼神，有如诗歌般的纯洁透彻。海森堡微笑的照片也很有个性，但透露着一丝神秘、狡黠的神情，若干年后他和希特勒关于制造原子弹的游戏至今仍是个谜。

狄拉克把"概率"带入了世界演化的核心。他认为在与另一个物体相互作用的过程中，物体突然出现时其速度、能量、动量等物理量不能取任意值。他提出了计算物理量取值的方法，后来把一个变量可以取值的集合称为这个变量的"谱"，就是说有许多其他的数值不在取值范围内。这告诉我们在下一次互相作用中，谱可以取哪些值，但只能以概率的形式。这大概就是我们平时常说的"靠谱"，实际是说这个人说的话在正确的取值范围内，不是胡说八道的。

量子力学发现概率在原子层面起作用，即使我们拥有初始数据的充分信息，也只能计算出事件的概率。在微观尺度上决定论消失了，电子不是由大自然决定向左还是向右运动，它是随机的。也就是在取值谱内可以取任何值，这是大自然的本质。在牛顿时代则认为既然有充分的初始数据，就能够完全计算出精确的数值，未来可以预测，这就是决定论。

我们宏观世界表面上的许多决定论，只是由于微观世界的随机性基本上会相互抵消，只余微小的涨落，我们在日常生活中根本无法察觉到。我常去韩国釜山海边散步，经常在一块礁石前面驻足。因为在一千多年前住在这里的新罗时期的大学者崔致远先生（他曾经在唐代留学中国并中进士，还做过唐朝的官，他当时写的《讨黄巢檄文》名满天下），曾在上面题写了"海云台"三个字，仿佛一千年来石头是静止的。假如我们能看到这块石头的原子，就会察觉到它们在不停地四处传播，永不停息地振动，因为在最小的尺度上一切都在不停地振动。量子力学告诉我们，我们观察的世界越细微就越不稳定，在微观层面世界是一群转瞬即逝的事件。未来并非完全由过去决定，我们所见到的严格规律性最终来自统计学意义。

量子力学第三个重大发现——关联性。从前面的内容我们会感觉到,经典物理与量子物理匪夷所思的区别。量子世界观告诉人们,事物是在相互作用中才存在的,如果没有互相作用,事物就不存在。王阳明《传习录》中有一段话:"先生游南镇,一友指岩中花树问曰:'天下无心外之物。如此花树,在深山中自开自落,于我心亦何相关?'先生曰:'你未看此花时,此花与汝心同归于寂。你来看此花时,则此花颜色一时明白起来。便知此花不在你心外。'"可以理解为,你没看到此花时,你就没有与花产生关联、互相作用,花就没有应机显现。当你看到花时,你与花产生了互相作用和关联,花因而显现,你感到赏心悦目是花存在的意义。

佛语"缘起性空"与量子力学有相通之处。物质实在成了关联,事物只存在于物理系统的关联之中。并不是事物进入关联,而是关联是事物的基础。世界不是事物的世界,它是事件的世界。事物通过基本事件的发生而建立,海边的礁石在一定时间内保持其结构的量子振动,就像打在礁石上美丽的浪花,再次融入大海前会暂时维持其形态一样。浪花和礁石一样都是流动的事件,都是过程,只是它们拥有各自不同的节奏和时间。

系统的全部事件都相对于另一个系统而出现。过程就是从一次互相作用到另一次互相作用的历程，物体的属性只有在互相作用的瞬间才以分立的方式呈现。也就是只在这些过程的边缘，只在与其他物体发生关联时才出现。无法对其做出完整确定的预测，只能进行概率性的预测。比如货币的真实要素永远无法看到，也是通过相互作用来追踪其价值，无论是黄金白银、纸币还是现在的电子账户，只有它在支付的时候才显现其价值。钱在保险柜里、在钱包中、在银行账号中，好似叠加态的波一样，买什么都可以，一旦在花出去时，就坍缩为粒子态，去买了确定的一样东西。股票和钱一样，你不去操作时，它就在市场里波动。你不看它，它就是叠加态。你去看它就是你和它发生了作用，它体现出具体的价格；你去买卖它，它就坍缩为成交价格。

二、金钱神话和货币魔法

货币是人类发明的最强大工具。这是一项十分巧妙而且自带魔力的社会技术，这种魔力不仅让人们神魂颠倒，并且爆发出连自己都想象不到的超级能量，为了心中致富的神话去不断努力，最终神话成为现实。

以量子世界观对货币进行考量，大致可以类比两种波粒二象性特质。形象地说，一个是金钱神话，另一个是货币魔法。金钱神话是一种模因，货币的发明无意间成为激发和组织人们创造财富的催化剂，大家相信只要努力劳作就会赚到钱，并最终成为牢不可破的观念。货币魔法是货币给万物赋值，从人们心中不断波动的价值和最终落实为一个唯一的成交价格，从价值叠加态的多种可能性，到落实为唯一的真实价格。不同的人对同一产品有不同的心理定价，这样赋值魔法就产生了差价，成为交易、赚钱的工具。一套房子的价值是波动的，在不同人头脑中有不同的价格数字，然而一旦买卖成交，就坍缩、落实为单一的具体的数字，交易得以达成。

在货币尚未出现的洪荒年代，我们可以想象在原始社会人们是怎样诗意生活的：每个部落都是自给自足。帅哥张三在山上发现一棵果实累累的苹果树，硕大的红彤彤的苹果香气四溢，令人垂涎欲滴。他爬上树去，映着绚丽的晚霞，美美地吃了一顿，吃饱后又采了三十个苹果，带回自己在村落中的小草棚里。拿十个苹果和邻居李四换了一块兽皮，用来做睡觉的床垫，剩下的二十个苹果，够他吃三天的了。他环顾家里的石头桌、凳俱全，又有新添置的兽皮床垫，感觉十分满足。这三天他开心地四处游荡或者在河边发呆，饿了就回去吃苹果。三天吃了十八个，还有两个在第四天发现烂掉了，他不得不再去山上找他的苹果树。

在货币出现以前的社会大概就是这样子的，人们觉得没必要生产太多的东西。采回太多的苹果会烂掉，也没有多少邻居的东西可以交换。这样的低欲望生活追求，类似于量子力学里电子的基态，即动能最低的状态。直到货币出现之后，人们才觉得多摘的水果或者多捕获的猎物，可以卖掉换成轻巧、精致、不会腐烂的货币。这样就可以带着钱去几十里以外的其他村落，去换本村没有的东西，比如石斧、油灯、陶罐，还可以买项链和绿松石饰品送给女朋友。这些唤起了人们对美好生活的向往，从而激发出人的工作热情，即人们处于激发态了。

在洛阳白马寺以东十五分钟车程的地方，是二里头夏朝都城遗址博物馆。这里出土了中国最早的货币——贝币，来自热带海域的一种海贝。夏代末期也用兽骨或石头做成海贝的样子，作为交易的媒介。为什么是海贝作为货币？大概是经过漫长的尝试过程，最后人们发现产于热带海域的齿贝，既小巧又精美。最重要的是对于中原地区来说，这种海贝相当稀少，从遥远的热带海域运过来，需要足够的劳动付出。如果张三生活在有货币的时代，他就会利用每个晴朗的日子去多摘苹果，拿到市场上卖钱，再用钱买粮食、衣服，或者储存起来，也许将来可能会成为富人。在下雨天或者疲惫不堪的时候他也不必强迫自己爬山去摘苹果吃，可以在村口的集市上买到各种各样美味的食物。

人类能走出荒蛮，走向文明，区别于其他动物，这取决于人有丰富的想象力。人类在漫长的进化中发现，如果是不超过 100 个人的小村落，靠村长耳提面命就能够有效组织起来。比如组织大家去帮助张三修房子，或者一起去打野猪。但是如果要指挥、协调成千上万人时就十分吃力了，村长无法及时向每个村民解释每件事为什么要这样做和怎么做。后来人们发现高效组织众人最好的办法，是靠虚拟出来的故事。这些故事在不断地传播过程中固化为信念和传统，形成了模因，一代一代地传承下去，成为一种自然。模因支撑人们服从调遣和协作行动，而不必每次都去和众人说明原因与合作方法并取得同意。

人类能称霸地球,就是凭借这样的非凡想象力,创造出能够令大家都信服的模因,最后形成人们共同的、牢不可破的信念,如宗教、国家、公司、货币等。随着时间的流逝,我们不知不觉地生活在双重现实里:一种是客观现实世界,动物只生活在此中;另一种是虚拟现实世界,也叫精神世界。而且,精神世界越来越强大,往往可以主导人们在客观现实世界中的生活。人们走出原始社会后,一生都在被各种虚拟的信念所围绕,用特定的方式去思考,用特定的标准去行事,也十分想得到特定的东西,比如金钱。人们遵照这些人造的信念去生活、劳动,密切合作。

信念构建了社会秩序,激发出人们的进取心,支撑着每个人追求美好生活的理想。这些虽然都是存在于人们脑海中的想象,但却落实在每天的真实生活中。特别是发明了文字之后,人们生活的方方面面都被各种共同的虚构信念和概念所围绕。人们的合作信念越来越强了,形成了文化和文明。

大约在轴心时代,全世界先后形成了三种大秩序,即经济上的货币秩序、政治上的帝国秩序、信仰上的宗教秩序。货币秩序得以建立，源于人们都信任货币。上至皇帝，下至黎民百姓，都相信特定的贝壳或者铜钱，乃至后来的纸币，能够在全世界任何地方买到几乎所有的东西和资产。这些币材并不值那么多钱，却代表着远超币材本身的价值，这完全是人造的文化信念赋予的。货币文化的精髓就是万物可换和万众相信，自己信是不够的，主要是别人相信、所有的人都相信。

金钱神话，就像是歌德借浮士德之口所说的，"只有洞察深奥的心灵，才能对无限事物具有无限的信心"。犹如先为大家画了一张"大饼"，激发所有人开足马力去工作、去创造。渐渐形成了市场和经济，随着市场规模的逐步扩大，繁荣的经济带来了社会财富的增加，每个人也都赚到了相应的钱。原来虚幻的"大饼"，现在变成了"真饼"，这就是由于货币模因的自发组织作用，从无到有地产生了更多的财富。人们对于财富的愿望变成了真实的财富——金钱的神话得以实现。金钱虚拟的一面是"大饼一定会有"，是万众深信的神话。"真饼"是万众因为相信大饼一定存在后，经过努力工作，促使最终真的吃到了神话中的大饼，得到了真实的金钱，仿佛无中生有。

直到1776年,英国人亚当·斯密在他的《国富论》中给出了其中的原理——因利己而利他。利己是人的本能,人们主观上为了自己获利而去努力工作。在市场上出售自己的产品,在自身获利的同时为社会创造了财富,从而实现了利他。经济得到大发展,社会财富无意间得到大量增加,人们越来越富裕。这里货币起了关键的作用,货币是催化剂,是致富信念的神话。到20世纪,人们可以用量子力学的世界观进一步诠释货币在经济发展中的核心作用,对金钱神话有了更深的理解。

歌德前后历时六十年,在1831年完成了旷世巨著《浮士德》,其中有一段故事道出了金钱神话真谛:

在皇帝的行宫里,即将举行假面舞会,大臣们却忧心忡忡地对皇帝诉说国家积贫积弱、民不聊生的困境。这时无计可施的皇帝,转头问浮士德和梅菲斯特有什么办法,梅菲斯特说:"这世界哪能样样齐全?要不缺这,就是缺那,只是这儿缺的是金钱。金钱诚然不能俯拾皆是,智慧却懂得从深处把它发现。铸好的和没铸好的黄金,大都埋在墙根下、矿脉里。你们问我,谁能让它们得见天日:只有靠天才的自然力和精神力。"

假面舞会开始,在美女如云、觥筹交错之间,宰相把浮士德画的一张精美的纸片让皇帝签字并对皇帝说："际此隆重庆典，为造福于民，请陛下御赐签名！"醉醺醺的皇帝看也不看就签署了。这张纸上写着"本票价值一千克朗，其可靠保证为帝国所藏之无数财宝。一旦金银富矿有所开掘，本票即可兑现无误。特此晓谕，一体知照。"一夜之间宰相让宫廷里的工匠们复制出千百万张，形成了货币系列，又迅速投入全国，让万民享恩。从前暮气沉沉的城市，立刻熙熙攘攘、生机勃勃。货币像闪电一样四下飞溅，流进了肉店、面包店、酒馆、服装店。世上一半人似乎只想大吃大喝，而另一半却夸耀自己的服饰鲜艳。第二天皇帝上朝，大臣们兴高采烈地向皇帝汇报，拖欠已久的军饷终于还清了，朝廷的一笔笔债务也结清了，百姓们也衣食无忧、兴高采烈。

歌德在二百年前用文学的笔触，形象地描绘了金钱的神话，在今天这个神话遍地开花。

货币有三大魔法：一是万物赋值魔法，即价值尺度，货币为世界赋值。为万千事物赋值，量化一切事物的价值，这样万物才可交换，创造出经济运行的轨迹。二是无中生有魔法，货币可以凭空出现，也可以凭空消失。三是纠缠魔法，社会连为一体。

货币的万物赋值魔法，指某个具体事物，在众人心中不断波动的价值和最终落实为唯一的成交价格，从虚幻到真实的过程。如果用爱因斯坦的语境表达，事物对时间的区间值是波（价值）、瞬间值是粒子（价格）。在货币出现以前，世上万千事物是难以比较的，货币出现后才有了比较的技术基础。货币在本质上是二元性的，它是事物的价值和价格的结合。不同的人对某个事物会有不同的主观评估，对每个人的意义也不一样。因此对同一个事物会存在不同的价值判断，在他们的脑海里会有个大概的货币数字作为比较的参考值。然而当这个事物在现实中交易时，一旦成交则马上在那一刻，落实为唯一的一个公认的具体数字——真实的价格。

有个典故"盲人摸象"，是说一群盲人不知道大象是什么样，善良的国王命人牵来一头大象给他们摸。盲人们摸索之后纷纷表达自己的见解，有的说大象像柱子，有的说像扇子，有的说像绳子。国王笑答：你们没有看见过行走中的大象全身，而是只摸到了大象的某个侧面。

其实事物是一堆可能性的叠加状态，只要观察方式确定了，事物就会按我们主观设定的观察方式，以波或粒子的形式表现出来。你用什么世界观去观察世界，世界就以什么姿态呈现给你。上海外滩的一套豪华公寓，卖家出价2000万元，几个买家觉得只值1600万元或者1500万元，一个路过的外地游客认为他们都疯了，500万元他都不要。不同的人对同一事物观察的角度不一样，给出的赋值也不一样。最后以1800万元成交的时候，这套房子在这一刻，所有价值的叠加态都消失了，形成坍缩态，落实到一个真实具体的价格。

货币，在金本位体系下被认为是实实在在的东西，然而在大多数时候既是真的又是假的。无论是贝壳还是纸币、电子符号，它既值钱也不值钱，就像光既是波也是粒子。亚当·斯密时期的古典经济学相信货币是在衡量劳动，新古典经济学则认为货币是在衡量效用，而量子经济学认为货币是在衡量意义。哲学家尼采的核心思想是重估一切价值，这和量子世界观不谋而合，每个人对同一事物有不同的价值量认定，重估是必然。

货币的无中生有魔法——货币可以被凭空创造出来，又可以凭空消失。经过试验充分证实的一个量子力学的现象是，粒子可以凭空出现，然后又会凭空消失，这种量子迸发可以解释宇宙的突然出现。货币在这一点上，与量子的生灭有异曲同工之妙。

欧瑞尔教授在其著作《量子货币》中，引用了2017年挪威央行副行长约恩在一次演讲中的话："那么银行是如何创造货币的呢？答案会让大多数人大吃一惊。当你从一家银行贷款，银行就会把你这笔钱记入贷方。存款——这笔钱——在银行提供贷款那一刻就产生了，银行并没有从别人的银行账户或者从一个装满钱的保险柜中转钱。银行贷给你的钱，是银行自己创造出来的——凭空造出来的。"

也是在2017年，英国国会在议员中进行一项民意调查，显示"只有15%的国会议员意识到银行在放款时会产生新的货币，而当公众还贷时，现有的货币就会消失"。看来货币魔法把大多数博学多识的英国国会议员都轻松骗过。其中的原因可能在于，当今多数人还生活在牛顿机械化世界观的逻辑和有序观念之中，传统经济学也要维持它的连贯性。还有就是货币创造大概是个易于引发情绪的话题。

人们通常把经济分为实体经济和虚拟经济两个不同的组成部分：制造物品、提供服务的是实体经济；虚拟经济是相对于实体经济而言的，以金融资产为交易内容的经济系统。前者对后者起支持作用，后者对前者有促进作用。虚拟经济是市场经济高度发达的产物，以服务实体经济为最终目的，由于金融资产价格受心理因素影响较大，因而波动性强，呈现高流动性和高风险性。根据英格兰银行网站的数据，在英国，大约1/2的银行借款用于地产、证券等金融产品的抵押贷款，1/3用于同业拆借和信用卡消费信贷，1/6用于实体经济企业。很多国家大同小异，大多数创造出来的货币流入虚拟经济系统。

根据货币数量理论，如果流通中货币过多，就会引起通货膨胀。然而实际情况是，几十年来货币供应量大幅增加，可是通货膨胀率却很低。以加拿大最近二十年的统计数字为例，其货币供应量增加了3倍，而通胀率却一直微不足道。究其原因，是大部分虚拟经济与实体经济是脱钩的，通胀率一般是采用CPI（消费者价格指数）进行衡量。其构成大多数属于实体经济产出的消费品，而货币并未在实体经济中大幅增加，因而通胀率保持低位。大量被创造出来的货币实际上进入了虚拟经济领域，除了证券、外汇以外，许多国家的房地产具有很强的金融产品属性，成为虚拟经济的一个最大的载体。观察发现加拿大的房价指数和其货币供应量是同步增长的，也是增长了3倍。

由于虚拟经济更容易创造货币，我们就更容易直观地看出无中生有的货币创造机理。银行创造货币以资产支持为主，比如房地产抵押贷款和证券质押贷款。这样的贷款对银行来说既安全又简单，而且数量巨大，非常有利可图，自然就特别受青睐。银行贷款大部分流入了虚拟经济，金融界的大佬们最关心的是怎么能让房价和股价一直凌空飞舞。实体经济对贷款的需求基本是稳步增长，没有像虚拟经济那样常常出现爆发式增长。另外新兴科技产业的风险较大，银行贷款会更加谨慎，科创产业的投资大多数已经转为来自资本市场。

多数国家央行的目标是通过实行有效的货币政策，达到币值稳定以及温和的通货膨胀率，从而促进经济发展；同时严格防止出现通货紧缩，以免经济衰退。

一段时间以来，现代货币理论（MMT）甚嚣尘上，只要经济稳步发展，创出更多的货币似乎都没有问题。单纯从原理上讲这套理论可以讲得通，但运用于现实却要考虑许多更复杂的因素，比如人性的弱点。货币不能紧缩，但也不能激进式地过度增加。在有十分健全的制度保障和道德文化积淀之前，不知道哪个环节会出现私利损害公利的危害。因此保持温和宽松的货币政策是明智的，既促进了经济发展，又可以抑制某些人性阴暗面的侵蚀。

货币纠缠魔法——货币能够使不熟悉的人们，在社会、市场中紧密联系、纠缠在一起，形成一个整体。就像一对相遇过的量子，即使日后远在天边，隔着整个宇宙，当一个量子变化时另一个量子会马上感知、同时变化。因为纠缠后分开的粒子，带着共同的波，波是可以分开的，分开后仍然是一个整体。当测量一个时，另一个与之纠缠过的粒子马上停止变化，同时回到经典状态（粒子），不测量时则又开始各自的变化，即量子纠缠。

一笔贷款让借款人和贷款人纠缠在一起，借款人的还款能力是否变化、违约可能性变大还是变小了？时时刻刻牵动着贷款人的心。而且牵涉其中的银行、律师、担保人、亲友，包括观察者等组成了一个互相联结系统，货币成为一种纠缠装置。由于货币的交易媒介作用，世界上几乎所有人都或紧密或疏松地联系在一起，形成了一个复杂系统。量子纠缠、货币纠缠、社会纠缠，犹如王菲在《传奇》里唱到的那般不可思议的、一眼千年的浪漫：

　　只因为在人群中多看了你一眼，
　　再也没能忘掉你容颜，

梦想着偶然能有一天再相见,

从此我开始孤单思念。

想你时你在天边,

想你时你在眼前。

想你时你在脑海,

想你时你在心田。

宁愿相信我们前世有约,

今生的爱情故事不会再改变。

宁愿用这一生等你发现,

我一直在你身旁从未走远。

    人的思维本身就是处于一种叠加态而非确定态,有人形容"人是行走的波函数"。人在社会生活中往往处于各自纠缠系统中,人的本质、属性也常常处于模糊、不确定的状态,意识里存在不同的利益诉求。在传统世界观中人是先有利益诉求,后有行动;但量子世界观认为是先有行为(测量),后有利益。因为行动前结果有很大不确定性,处于叠加和潜在状态,只有行动后,波函数发生坍缩才呈现出一个确定的、我们熟悉的经典世界。当然社会并不只是通过货币、交易互相连接的众人集合，更是由很多分形结构互相交叠的整体，包括个人、家庭、公司、民族、地区、国家以及联合国等。社会是所有这些纵横交错、堆叠纠缠的复杂系统，比天气还难以预测。

三、证券魔法：证券的值价二象性

证券是指各类记载并代表一定产权或债权的法律凭证。主要可分为两大类：一类是股票，代表拥有的产权；一类是债券，代表拥有的债权。可转换债券，形式上属于债券，本质上则同时拥有债权和股权的属性，是隐含期权的债券。

1603年荷兰发行了世界第一张股票，1609年阿姆斯特丹证券交易所成立。我国在晚清的1891年建立了上海股份公所，开启了证券交易在中国的历史。中华人民共和国成立后，于1990年成立了上海证券交易所，标志着轰轰烈烈的改革开放又向前迈出巨大的一步。证券市场作为现代金融领域两大支柱之一，发挥着无与伦比的重要作用。

股票是一份公司的产权,有确定的内在价值;同时股票又是投资品(筹码),有每时每刻都不断变动的价格。那么,既然有确定的价值,为何又会有不同的价格?这就是股票的值价二象性。

玻尔说:"测量产生意义。"那么,市场上亿万投资者实际运用着千姿百态的测量股票价值的方法。他们用不同的世界观、价值观,用不同深度的认知水准和能力,用他们不同程度的贪婪或者恐惧的心理,用他们因人而异的远见或者短视,用他们绝无雷同的性格、秉性,把一个虽然有确定价值但又难以及时掌握精确价值量的股票,演绎出五彩缤纷的价格。测量的方法决定了投资者如何看待这只股票的价值,产生了对于他的意义。理论上讲,当市场明显低估了股票的价值时,则出现了好的买入价格。当市场明显高估时,则是卖出的好时机,股票的差价利润由此诞生。问题是怎样正确判断何为低估、何为高估?

股票的价值可以分为净值和未来价值。净值是当期上市公司每股账面价值,一般每季度公布一次;未来价值是市场中的各位投资者对这个上市公司的盈利能力的预期价值。从实际操作角度看,普通投资者很难及时了解到股票每一天、每一时刻的净值，因为上市公司不提供每天的净值数据和财务报表。法律规定每年公布四次财报，分别是季报、半年报、年报。股票理论净值变化的节奏是一个季度，然而股市却不是一个季度开市一次，而是每天都在交易，股价变化的节奏是一秒钟。投资者们只能通过蛛丝马迹去推测，两个节奏的矛盾是股价波动的第一个原因。

对股票未来价值的判断是股价波动的第二个原因，更加扑朔迷离。众多投资者依据他们千姿百态的估值（测量）方法，再加上经常受到不同的市场传闻、小道消息的影响，会得出千奇百怪的预期价格。有的认为这只股票未来具有巨大成长性，认为明年会涨2倍，有人认为该股票面临巨大竞争压力，明年会跌30%。凡此种种，最终我们在电脑屏幕上看到的时刻跳动的股价走势图，蜿蜒曲折，忽上忽下。其背后是千千万万该股票的投资者对当时股价的预期价值判断结果。在证券公司股市行情软件上我们看到，上面是打算卖出的委托价格和股数排行榜，下面是打算买入的委托价格和股数排行榜。按照价格优先和时间优先原则，由全国性证券交易所的主计算机撮合成交。一旦有同时满足买卖条件的委托单成交，行情软件上会马上显示出这只股票在当下的成交价格，在股票走势图上留下不断延伸的曲线上最新的一个点。在起起伏伏的股价背后是投资者们当下的判断和情绪的起起伏伏。是股票价值每一秒都在变化，还是人们心理在变化？是风动还是幡动，抑或是心动？

这让我想起杜尚在1912年创作的油画《下楼梯的女人》，画家并没有具象地再现一个从楼梯上走下来的女人，而是抽象地表现了这个女人从楼梯上走下来时整个过程的一连串留影——在她下楼的每个瞬间里，都在空间中留下了存在的印记。她走下楼梯后还是那个女人，和刚刚在楼上走下第一个台阶的她没有什么不同。

债券是政府、企业债权的契约凭证，有固定的利率，承诺到期还本付息。债券的价值简单地看是信用风险问题，比如国债以国家信用为担保，基本没有信用风险。比股票更容易把握一些，因为其价值底线是不违约，把握住这一点就行了。只要企业不破产，至于经营得好与坏、成长性大与小，都与债券的价值无关，持有到期就会收回全部本息。假如某企业出现了信用风险，即在持有期内，如果企业破产会导致破产清算，意味着持有人很可能无法拿回全额的本息。

债券的价值如果深入地看，也是十分复杂的，同样存在价值和价格的二象性特征。债券在银行利率变动和经济兴衰过程中，其价格并非一成不变，而是在面临诸多市场预期变化时，投资者的脑海中同样会幻化出千奇百怪的定价冲动。例如其中一个主要因素是市场利率存在变化的可能性，债券价格会随市场基准利率的变动或者预期变动，出现上下波动，从而出现投资的风险。

如果投资者是在证券二级市场上交易债券的话，要充分考虑这个利率风险。如果只是买定离手、持有到期，可以忽略这个风险。市场上发行、流通着很多种国债、企业债，这些债券的合约条款细节众多，票面利率、期限不尽相同，使得债券的价值也不尽相同。再加上银行基准利率也非一成不变，遇到加息或者降息时，债券的价值会随之改变。银行加息时，债券价值下降；银行降息时，债券价值上升。跟随价值的变化，债券价格会不同程度地涨涨跌跌，有的幅度大，有的幅度小。那么，如何在千百种债券中进行比较、取舍，除了对债券进行基本面研究之外，还应该对债券的久期和凸性进行研判。

债券的久期，通常有两种含义。

一个是麦考利久期，指投资者购买债券后，把利息和本金全部收回所需要的时间。久期越短表明收回资金速度越快，附息债券的久期一般都小于到期期限，零息债券的到期期限就是它的久期。

另一个是修正久期，指债券的市场价格对银行利率变化的敏感度比率。久期越大，受银行利率变化的影响也越大，债券价格涨跌幅度就越大。可通俗地理解为久期是一种单位换算的比例，就像1美元=7人民币一样，汇率7是个比例，久期也一样。一般在证券公司的证券行情软件上，会给出久期数值。行文到此，我特地上网查看了一下2024年8月28日的国际债券行情，摘录一只美国30年期的国债价格和相关数据：收盘价97.45美元，票息率4%，到期日2052年11月25日，剩余年限28.23，到期年化收益率4.15%，麦考利久期17.01，修正久期16.66，凸性383.7。假如次日美联储突然宣布降低联邦基准利率50个基点（0.5%），那么理论上次日该债券的价格＝前收盘价（1+修正久期×利率变动/100）=97.45（1+16.66×0.5%）=105.56美元。

当前美国的联邦基准利率是5.5%，属于高利率周期，是几十年来比较罕见的现象。这是因为在新冠疫情暴发初期，经济面临停摆危险，美国为应对突如其来的疫情对经济的巨大冲击，于2020年上半年实施紧急货币宽松之后，引发了通货膨胀。2022年5月通胀率已经由原来的2%左右迅速升高到8%。美联储不得不开始加息以抑制通胀，从维持多年的低利率（0.5%）中拔地而起连续加息，一直到2023年7月利率达到5.5%。这时的通胀率被压低到3.5%左右，维持至今。当前有市场传闻，可能在"下个月"美联储会将会宣布进入降息周期，两年左右的高利率已经让美国朝野吃不消了。

实际上，债券的价格变动和银行利率的变动并不是线性相关的，而是有一定凸性。凸性，可以理解为债券-利率曲线凸向原点的程度，像一条偏着头顽皮的微笑曲线。它代表着债券价格随银行利率变动时，有加速度现象，随着利率的不断上升累加，债券价格的下降速度会越来越快，反之亦然。

可转换债券——是一种可以在合同约定的时间和约定的条件下，转换为该公司股票的特殊企业债券。全称是可转换公司债券，简称可转债。可转债兼具债权和隐含股权的双重特性，并且具有一个神奇的可转换性，是一种下有保底、上不封顶的投资品种。我们这里所谈的可转债,都是上市公司公开发行、交易的可转债,有公开交易的正股做对应。

首先,债性保障——下有保底。可转债本身是公司债券,有固定的利息,到期归还本金。这些都是在国家法律框架内的合同内容,只要公司不倒闭,本息无忧。

其次,股性保证——上不封顶。我国的可转债条款一般都规定当该公司的股价超过转股价30%时,该公司所发行的可转债可以被公司强制赎回。这意味着公司可以不必到期还债了,投资者因为此时转股盈利颇丰,会纷纷用债转股,这样就为公司节约了大量现金。因此,当遇到个股或者市场牛市的时候,手中的债券摇身一变成为上涨中的股票,股票极大的价格弹性,会带来上不封顶的投资收益。就形成了投资者和上市公司双赢的有利局面。

可转债的值价二象性十分明显,它的价值包含了下有保底的债性价值,同时也包含了转股期权的价值。投资者如果在面值附近买入,其价格此刻体现为债券属性;当牛市来临时,会表现为股票属性,价格会与其正股有同样的涨幅。

可转债的价值内涵十分丰富,是证券市场中技术含量比较高的投资品。它本身有固定的利率收益，同时还附送了四个隐含期权，分别是转股期权、回售期权、赎回期权、下修期权。我们在后面还会有专门介绍可转债的相关内容。

四、股市不稳定的原因

股市不稳定的观念早已深入人心，因为股市是各个市场中效率最高、最公开的市场。股价每一次变化都以最快的速度公布出来，传遍全世界。相对于其他商品市场来说，这是显而易见的，比如家具市场、玩具市场等就没有股市这般高效公布和公开，因而也没有股市如此地引人瞩目。早期的股市，人们用粉笔在行情价格板上不断地擦擦写写，现代社会大大小小的电子显示屏，每一秒都在闪烁着变化的价格数字。人们面对不断变幻的股价，直觉上就充满不稳定感，但这只是表象。

从本质上看，即使我们拥有股市初始数据的充分信息，也只能计算出股价成交事件的概率，更不用说投资者不可能获取充分信息。股票价格走势就是从一次互相作用到另一次互相作用的历程，股票的价格只有在交易的瞬间才得以呈现，只在投资者发生关联时才出现。股价是交易者之间发生关联和纠缠的事件，并不是一个完全的客观事物，因此无法对其做出完整确定的预测，只能进行概率性的预判。

股市的不稳定源于，虚拟经济超强的货币创造能力和股票二象性本质。股市属于虚拟经济范畴，虚拟经济更容易创造货币。股票、债券都是标准化证券，银行或者券商等金融机构非常容易也特别喜欢为证券做抵押贷款，反复地抵押会十分方便地创造出大量货币。容易是因为证券都是标准化的，不像实体经济每个企业、每个项目都是个案。银行如果要为它们贷款时，要付出很大的尽职调查、评估、决策等全过程成本和冗长的时间。喜欢是指几乎无成本的生意，肯定十分积极去做，贷款利息多么诱人，举手之劳间巨额利润唾手可得。因此，虚拟经济创造货币和毁灭货币都是特别方便、快捷的事，资金潮水涨潮、退潮只是在电脑上敲击几下就可以完成。实体经济创造货币能力较弱的深层原因，是实体经济的有限性。包括自然资源、人力资源等生产要素的有限性，和市场总需求的有限性，以及技术、产品升级换代的时间性。

实体经济和虚拟经济并驾齐驱，共同组成了驱动经济发展的主要力量，二者互相服务、互相促进，最终推动社会财富增长。虚拟经济虽然有不稳定的特点，但是在社会经济中有着不可或缺的积极作用。资本市场为实体经济提供巨量低成本的资金，优化全社会资产配置效率，特别是为技术创新企业提供大量创业的风险资本。他们冒着风险提供资金，让科学家、企业家充分发挥其聪明才智，去发明、创造、尝试新科技、新产品、新世界。同时还为实体经济提供价值发现功能，那些产业方向、公司前景有光明未来的新科技，资本市场会用真金白银给出明确的指引。

诚然，虚拟经济超强的货币创造能力，可能会不断推高资产价格，越来越偏离价值中枢。在不断累积的过程中，会不知不觉地堆叠出越来越大的风险，谁也不知道压垮骆驼的最后一根稻草会是哪一根、在什么时间，这根稻草出现的时间被称为明斯基时刻。明斯基教授在1972年提出了金融不稳定假说，当更多的货币被创造出来，投资于金融资产，不断地循环推高资产价格的决心，是建立在市场信心上。人们都觉得市场会永远上涨，或者至少自己不是接最后一棒的人。然而,在某个时刻——明斯基时刻,人们终于失去信心并停止游戏,大家纷纷卖出资产套现产生踩踏,股市泡沫破裂。即使我们拥有初始数据的充分信息,也只能计算出危机事件发生的概率,很难事先预知发生的时间。

另外,证券值价二象性是股市不稳定的另一个原因。股价的高波动来自众人不同的股票定价方式(测量方式),高估者看重该股的未来长期的成长性,低估者注重风险性,股票价值是一堆可能性的叠加。投资者的定价方式(估值观)确定了,估值就会以他主观设定的定价方式,选择他认可的价格,并以股票长期价值(波动态)或者短期价格(粒子态)预期的形式表现出来。当各种程度的高估者多起来的时候,股价就快速上涨。反之亦然。

测量产生意义,测量就是选择。在人生众多可能性中,选择了某一个,世界就此分岔。你认为世界是什么样,世界就呈现出什么样。一个似曾相识的哲学观点,是萨特的伴侣、法国存在主义哲学家波伏瓦在她的著作《第二性》里说的:"一个人不是生下来就是女人,她是变成女人的。"是社会角色的定位(测量方式),塑造了她要温婉、要打扮、要楚楚动人。同样，男人的担当、胸怀、勇敢也是社会性别角色定位所塑造出来的。男女两种测量方式，决定了 TA 渐渐变成了相应的社会性别特征和性格。

有趣的是，量子基金创始人索罗斯的反身性理论，几乎就是波伏瓦的哲学在金融市场里的应用。简单地说，反身性理论认为市场预期会导致参与者们按预期行动，结果预期成真，形成一个自我实现的循环。假如摘苹果的张三帅哥来到了 21 世纪的现代世界，成为一名熟练的股票投资者。在 2008 年金融危机即将发生时，他敏锐地感觉到股价有见顶回落的趋势，果断地卖出了手中的股票。恰巧市场中相当多的投资者或多或少地也有同感，这样他们都大举卖出股票，导致股价和股指暴跌。张三们的预期成真了，这里有股市创造和积累了超量的货币的原因，也有股票在乐观的氛围中出现高估的问题，还有他们自己反身性的功劳。

在量子的世界观里，经济活动、金融市场不是宏观尺度里的牛顿力学中物体与物体的关系。经济、金融活动有人的意识参与，而牛顿力学是存在于人的意识之外，不以人的意志为转移的。爱因斯坦认为牛顿力学并没有错，只是适用范围在宏观自然界，是相对论的一个特例。同理，传统经济学的理性人假设、均衡理论、有效市场假说等，都没有考虑真实的人在参与市场。因而不适用于活生生的经济社会，传统经济学是量子经济学中的一个特例，是市场这个波动长河中某个时刻的静止横截面。

  伊丽莎白女王之问确实是个难题，全世界的经济学家也很难精确地预测金融危机爆发的具体时间和形式。原因在于金融市场超强的货币创造能力和证券二象性，导致金融市场注定具有不稳定性，这是它的宿命。在这个本质上就不稳定的市场里，人性的力量使得亿万个拥有千奇百怪想法的、活生生的投资者，放大了贪婪和恐惧，也放大了风险。击鼓传花的游戏没有人知道会戛然而止在哪个环节，没有人知道压垮骆驼的最后一根稻草是哪一根，也没有人知道哪一个瞬间是明斯基时刻，一切都是随机。

第三章

康德的迷雾

前段时间，一部王家卫导演的热播电视剧《繁花》风靡全国，画面充满极致美感，复古的色调、夜上海繁华街道绚烂的霓虹灯，每个镜头都充满艺术感。剧中，时空交错重叠的意识流叙事风格，从各个角度展现了20世纪90年代初期社会不同阶层的小人物在改革开放的大时代中，对未来充满了浓烈希望和奋斗激情，这种蓬勃的时代精神也把我拉回到那个金色的年代。

那时候中国的股市刚刚起步，上海证券交易所创立在黄浦江畔有百年历史的浦江饭店（原名礼查饭店，始建于1846年，现在已经成为中国证券博物馆）。爱因斯坦、罗素、卓别林都下榻过这座古典主义巴洛克风格的著名饭店，旁边是典雅的外白渡桥。在20世纪90年代初，每当中午休市时，身穿红马甲的交易员们会涌向马路对面的海鸥饭店酒吧吃午饭。海鸥酒吧是一座独立、小巧的二层维多利亚式洋房，三面都是别致的玻璃窗，十分明亮、温馨，那里是上交所为他们提供的午餐食堂，平时这里照常对外营业。在不下雨的日子里的午餐后，这些青春靓丽的交易员会三三两两在附近散步聊天。一时间外白渡桥上、外滩一带都会出现星星点点的红马甲，成了当时一道独特、美丽的风景，成了那个欣欣向荣时代的一个标志。电视剧里再现了上交所内第一交易大厅交易员们紧张忙碌的身影，仿佛看到了我往日的同事们。那时候我们经常争论为什么股价变幻莫测、股市扑朔迷离，这个问题也一直困扰着亿万投资的人们，直到今天。不久前，我再度走进了这座已经成为中国证券博物馆的历史建筑，去追寻三十年前的记忆。在古老而考究的旋转门入口前，一只美丽的燕子飞过，似曾相识。

《繁花》中的时代，中国股市从八只股票起步，俗称"老八股"。初期的股市投资品种非常稀少，常见的投资品除了几十只上市的股票和少量国债，只有去银行可以购买的国库券。后来经过三十多年的发展，目前中国沪深交易所上市交易股票的有五千多只，众多的国债、企业债、可转债，各种ETF，有期指、期权等金融衍生品，还有大量的公募和私募的基金产品以及不计其数的银行理财产品、REITs、外汇产品等。现在的投资品可谓乱花渐欲迷人眼，不过究其实质大致可分为股性品种、债性品种、股债性兼备品种这三大类而已。

股价的莫测、股市的迷离，有《繁花》里股市大小投资者们神魂颠倒的大起大落，也有巴菲特、索罗斯们的财富持续暴增，股市的无穷魅力就在于此。股市似乎存在一个亘古不变的"721法则"，不论是牛市还是熊市，从长期看基本上是70%的人赔钱、20%的人保本、10%的人赚钱。这是个耐人寻味的问题，我们有必要深入地思考其中涉及的世界观、经济学、哲学、心理学等的相关解释。前面我们已经深入讨论过在量子世界观的视角下，股市变幻莫测的内在原因。接下来我们尝试在哲学、经济学和心理学等层面继续去探索股市无法预测的缘由。

股市莫测的哲学原因——来自康德的两团迷雾。康德在二百多年前将哲学做了一次哥白尼式的大反转，把哲学的重点从世界是什么转变为应该如何认识世界。仿佛哥白尼在欣赏美丽落日时突然领悟到旋转的不是太阳，而是我们。

康德哲学的核心理念可以用四个同心圆的心物模型表达：按从内向外的顺序说，最内圈是某个人自己意识深处的思想源头或者说是潜意识，它是高深莫测的，无法清晰认识和知晓；第二圈是他的经验世界，他通过自己的心智、意识和实践认知到的那部分世界，是能够被他理解的；第三圈是自然世界，人类通过科学等途径，清楚地认知它是存在于空间和时间中的一个经验世界，人可以通过学习理解它；最外圈是物自体或者说是事物的本质，我们无法知道它，它不是一个客体，只存在于形而上世界，不存在于空间和时间中，无法用理性认识和表达。

股市和股价应该很大程度上属于最外圈的物自体范畴，至少有一部分是属于不可认知的虚无之境，它不是理性可以完全认识的自然世界和经验世界，同时作为投资者的个人，他甚至无法确切知道自己的意识源头想的是什么，也是不可认知的虚无之境。这就是康德的两团迷雾，类似于量子力学里的叠加态。普通投资者在股市里有时会感觉到不知所措，有一种荒诞感，类似加缪的荒诞。我们如何穿越这重重迷雾，在两个不确定的虚无中间架起一座确定的桥梁，克服荒诞，是我们要深入探讨的课题。本章我们探讨康德最外圈的认知迷雾范畴，我们会在后面的章节里讨论最内圈关于人的意识源头和情绪的迷雾问题。

一、复杂经济学的启示

《繁花》那个时代的投资者大多崇尚技术分析,对股市的大盘指数和所钟情的股票统计数据、量价配合、各类消息很关注。2000年前后,各种宏观经济数据越来越系统地公布,机构投资者市场份额逐步加大,价值投资理念渐渐深入人心。人们对行业趋势和上市公司基本面的研究趋之若鹜,坚信好公司就意味着好价格,买到潜力股就会赚大钱。这些都是理性的分析和预测,那么,人们是否能完全真实及时地掌握这些基本面,对上市公司发布的财报是否能够充分解读等,这些又是问题了。

1984年在美国落基山脚下新成立了一个研究所——圣塔菲研究所,云集了世界顶级的自然科学和人文科学等跨学科学者,他们的主要研究方向是复杂系统科学。研究所的元老级人物、经济学教授阿瑟在圣塔菲小镇工作时,晚上经常和同事们去附近的阿尔法鲁酒吧喝上一杯,他后来发现了一个有趣的问题:每个周四晚上,阿尔法鲁酒吧都会有爱尔兰音乐会专场,往往会爆满。如果酒吧里人不太多,那么待在那里就很愉快;如果酒吧过于拥挤,那么它能够给你带来的乐趣就会少很多。阿瑟猜想，在某一个特定的晚上，如果每个人都预测许多人都会来，那么他们就不会来，这样的结果就会否定预测；如果每个人都预测很少有人来，那么他们就都会来，这样的结果同样会否定预测。这就是说，理性预期在这种情况下是自我否定的，因此能够正常发挥作用的理性预期就无法形成。这就是著名的"阿尔法鲁问题"，后来阿瑟把他对复杂经济的思考进行了系统化的总结，并将这种不同于传统经济学的观点称为"复杂经济学"，于是一门新的经济学科诞生。

康德外在迷雾对股市的困扰，可以从复杂经济学的层面去思考。虽然人类已经进入量子时代一百多年了，我们通常还生活在牛顿的世界里，认为世界像一台精密的钟表一样，因果关系明确。很多东西可以用数学去计算，我们可以制造出汽车、飞机甚至能发射登月飞船，这些都是通过缜密的数学计算就能做到的。可是我们却无法计算出明天的股价是多少、一周天气的准确预报，甚至计算不出周四去酒吧的人数。阿尔法鲁问题说明复杂世界的存在，用数学这样精确的演绎逻辑方法可能会得出错误的答案。

牛顿的世界说到底是简单系统，那么通常说的复杂系统到底是指什么？梅拉妮·米歇尔在《复杂》一书中说："复杂系统是由大量组分组成的网络，不存在中心控制，通过简单运行规则产生出复杂的集体行为和复杂的信息处理，并通过学习和进化产生适应性。"这是符合量子力学世界观的，系统不存在内、外部控制者，称之为自组织；由于系统自我运行时即使规则简单，还是会以难以预测的方式产生复杂行为，这样的宏观行为称为涌现。因此，复杂系统的另一个定义也可以表述为：具有自组织和涌现行为的系统。如社会系统、经济系统、金融系统、天气系统、城市交通、蚁群运动等都属于复杂系统，不能完全依赖数学这样的理性去预测得到准确结果。

股市是个典型的复杂系统，有亿万个大大小小的投资者参与交易。他们绝大多数都互相不认识，互不隶属，都通过自己面前的电脑屏幕，观察着市场走势并随时留意着新闻。当其持有的股票价格平稳波动时他们会气定神闲，当出现上涨时会欣喜得意，假如出现暴跌则会惊慌失措，到处寻找暴跌的原因，或者动摇了自己的信念，卖出股票；也有人可能在暴跌的时候买进股票；也有人会持有不动，也许是信念坚定，也许是因为他恰巧没有在屏幕前，错过了这次情绪激动和买卖机会。这些亿万投资者组成的证券市场就是自组织系统,每时每刻的成交价格画出的价格曲线,就是无数投资者买卖行为的涌现。我们在屏幕上看到的委托买卖盘是一小部分投资者的买卖动机和意愿,更多的则藏在他们心里。这些自组织的投资者们每个人的性格、经历都不一样,但他们会相互影响。别人的行动和股市状态会影响他们的情绪、思索甚至行动。他们的分散决策和操作,在屏幕上表现出一个连贯的整体行为方式,涌现出一个我们无法预知的价格曲线。

约翰·霍兰在《涌现:从混沌到有序》中说:"涌现理论是指一个复杂系统中个体间预设的简单互动行为,所造就的无法预知的复杂样态现象。"系统中的个体通过简单的活动(好比湖水里小水滴的上下左右短距离的移动、股市中的投资者手指点击买卖键的简单运动),经过局部的互相作用构成了一个整体,一些新的属性或规律就会突然一下子在系统层面诞生,涌现不突破单个个体规则,然而涌现出来的宏观新属性却无法用原来的个体规则解释。在平静的湖水里投一颗石头,每个小水滴都移动很小的距离,可是形成的一圈圈涟漪却传播到岸边。是不是让我们联想到了量子的波和粒子的关系？股市的投资者们不过是比股票市价低一分钱卖出，却发现股市暴跌了。一只猫是由一大堆分子组成的，这些分子互相作用构成的这个整体活了，它可以为自己的利益控制低层次的分子个体。所谓"系统整体大于部分之和"——所有的过程和奥秘都存在于系统的相互作用而产生的涌现之中。

经济是一个庞大且复杂的由各种各样制度安排和行为构成的体系，其中充斥着无数形形色色的行为主体，有消费者、生产者、投资者、银行、政府机构等。在18世纪那个大时代里，苏格兰启蒙思想的天空上最明亮的双子星座是大卫·休谟和亚当·斯密。他们是一生的好朋友，都是世界级大师。后者不但是一位经济学家，更是一位大思想家。终其一生都在思考，一个现代社会在工商经贸自由发展的情况下，国民财富的性质与原因以及如何正当化的道德问题。尤其是在现代工商业和市场经济的文明社会中，道德是如何形成的，也就是说道德是如何与财富激情和市场经济的运行息息相关、相辅相成的。他一不小心成为现代经济学的创立者，他无意之间创立了一门新学科，尽管可能是他无心插柳的附带成果，却闪烁着无与伦比的智慧。回首1776年斯密在《国富论》中对经济学的观点，经济的总体模式形成于个体行为，而个体行为反过来又会受到这种总体模式的影响。这里存在着一个递归循环，正是这种递归循环使得经济具备了复杂性。

复杂性是混沌性的局部与整体之间的非线性关系，使得我们不能通过局部来认识整体。复杂系统是由大量组分组成的网络，不存在中央控制。通过简单运作规则产生复杂的具体行为和复杂的信息处理，并通过学习和进化产生适应性。研究复杂系统的复杂性科学是一门研究系统中互相作用的因素如何生成整体模式，整体模式如何反过来又导致这些因素发生变化，或导致这些因素调整以适应整体模式的科学。把经济作为一个复杂系统进行研究的复杂经济学是一门创立于20世纪90年代，超越了均衡层面的经济学理论，认为经济不是确定的、可预测的、机械的，而是依赖于过程的、有机的、永远在进化的。盛行百年的新古典经济学是生活在一个有序的、静态的、可知的、完美和纯粹的柏拉图世界当中，它的基本假设是社会中的人们都是理性人。而现实世界是模糊不清、混乱无序、真实多变的世界，社会中的人往往不是每件事都根据理性做出选择。那种柏拉图的世界只是现实世界的一个特例，无法代表我们生活的大千世界。

经济的自然状态通常是一种非均衡状态，并非能够轻易达到均衡。经济始终处于变化之中，这不仅是因为经济总是面临着外部冲击或外界影响，而且还因为非均衡本身就是产生于经济内部的。经济内部首先存在内生的、常态化的不确定性。经济中所有关于选择的问题都与未来发生的事情有关，但人们并不拥有未来的全面准确信息，也无法估计出各种信息的概率分布。例如，一个公司打算开发一个新产品，对这项风险投资，他们在刚开始的时候并不知道会不会成功、产品会不会有销路、将来会不会有同类品捷足先登，也不知道政府将来会出台怎样的监管政策。然而，无论怎么研究都不会有十分准确的答案，我们必须在这种不确定情况下开始行动。如果这时候其他公司也参与进来进行同类产品的研发，就会使情况变得更复杂，也会使这种不确定性自我强化，带来更多的不确定性。

经济学家沙克尔给出了理论化的解释，即这样的决策是无法用演绎理性也就是纯粹理性来得出的。因为决策依据的众多前提本身都未能在逻辑上界定清楚，因此结论不可能出现数学般的精确值。人们只能通过推断、猜测、经验，发挥想象力设想未来的样子，形成自己的信念和假设，即内部模型，且不断地对自己的信念和假设进行更新，调节自己的内部模型，即利用归纳法进行推理。在阿尔法鲁酒吧问题里也是用归纳推理的，并不陌生。并不是我们不愿意用演绎法，而是在人文领域很难使用精确的演绎法，经济中充满着这种探索行为，经济也长久地处于破坏性运动中，这是经济内部的固有的复杂性之一。

另一种复杂性来自技术变革。在一战前夕繁荣的1912年，熊彼特提出了著名的观点："经济体系中存在着一种力量，这种力量能够破坏任何可能达到的均衡。"这种力量来源于生产方式的新组合，现在称之为技术升级换代。柯达公司自1880年成立以来，风靡世界百年。在《繁花》盛开的20世纪90年代没有人会意识到，带给人们色彩缤纷的柯达胶卷会在不久退出历史舞台。然而几年后横空出世的数码相机一举终结了胶卷相机的市场空间，与此同时，移动互联网的普及应用、移动存储设备不断扩容和电子相册等新显示介质的出现，使得照片突破了相纸的限制，在社交网络的分享越发便捷。这种新技术的诞生打破了经济原有的均衡,并且制造了一个新的经济生态去打破旧的生态,旧的产业链上数以万计的大大小小企业会被淘汰,而且是持续性的、一浪催生一浪的破坏性大潮,原有的均衡被一次次无情地打破。类似的例子很多,摩托罗拉手机也是不明所以地被应用创新技术的苹果智能手机一夜打败。整个数字手机巨大的产业链被彻底破坏掉,多少企业一夜凋零,又有多少企业一鸣惊人。不要说普通投资者,就是行业专家也未必都能先知先觉。在整个经济中这种破坏并行出现,在所有纬度上同时发生,技术变化会内生地、不断地创造出更进一步的变化,从而使经济处于永远的变化之中。

二、证券市场自身的复杂性

经济存在这样的复杂性和非均衡性,上市公司是经济中的组成部分,是造成这种复杂性的因素也是其承受者。上市公司还是股市中的一分子,额外又平添了其他的复杂性。一则股市存在着天生和内在的传导、涌现复杂性;二则股市还存在着不同层面的、大大小小的刻意人为操纵，这更使股市扑朔迷离。2008年华尔街股市崩盘并非一日之功，"冰冻三尺"来自多年来美国政府对房地产的过度扶持政策。2000年互联网泡沫破裂，股市暴跌殃及几乎所有人，也殃及房地产市场。房地产断供潮接连不断，房价下跌如果得不到有效遏制则会导致整体经济危机。为了提振房价、恢复市场信心，就要让更多的人有能力买房子。美国政府出台各种鼓励人们入市的措施，把有钱人和有点钱的人赶进房市之后，还不过瘾。最后想把身无分文的人也赶进来，就想出了0首付购房按揭贷款的办法。因为这样的按揭贷款风险太大，仿佛次品一样，所以叫次级贷款，随后而来的那场金融危机就叫"次贷危机"。

这样一来，美国全国掀起炒房热，货币被巨量地创造出来，房地产市场从一个极端走向另一个极端。金融界的精英们更是利用政策的宽松，拼命创造各种金融衍生品、各种杠杆产品，无所不用其极，根本不去考虑人们面临的风险，也不会去考虑未来整体市场面临的风险。大量货币涌入股市，股市同样被冲上云霄。

不过也有少数头脑清醒的人，比如2015年上映的奥斯卡获奖电影《大空头》里四个敏锐的男人。他们觉察到了市场某些幕后的势力集团，在利用当时的宽松政策和规则，用一种竭泽而渔式的疯狂的、不计代价的方式，无限放大自己的利润和市场风险。市场还弥漫着普遍的乐观情绪，认为即使有泡沫，也会是坚硬的泡沫。电影把金融危机的发展过程融入有趣的故事当中，将次贷担保债务权证、夹层担保债务权证、信用违约掉期等产品的操作技巧和手段娓娓道来，全景式地描绘了金融行业和其中形形色色的人物与故事。电影的主人公们是极少数看透玄机并勇于行动的人，他们做空相关衍生品，在后续的股市崩盘中获利丰厚。这部电影非常形象地隐喻了社会始终隐秘存在的幕后系统操纵者。这种在多种层面、多种形式的、以自私获利为目的的操纵，在阿瑟的著作《复杂经济学》里称为"剥削"，当然这样的剥削还有很多种，同样是鲜为人知。

关于股市中股价内部传导机制更是经常会天马行空、出人意料。我们可以去试着揣摩其中一些常见的现象，看看是否有迹可循。比如，股价变动有自我强化的现象，最终可能导致泡沫或者崩溃。投资者最初入市各自都有不同的机缘巧合，有的是亲朋好友的引领，有的是深思熟虑的决定，有的是误打误撞的奇缘。不管怎么样，每个人都会拥有自己的投资策略预测模型——有的是严谨的基本面分析，也就是价值投资；有的是听消息、跟风操作；也有的是运用技术分析；等等。他们的模型往往在运用中修正或更换，股价就是这样在众多投资者的预测和预测执行的买卖当中形成的。这样市场就成了预测的海洋，是一大堆预测模型的生态之海。当股价上涨时，越来越多的人会认为自己的预测模型是正确的，信心加强，随着股价进一步快速上涨，他们会信心爆棚、喜不自禁。周围的人会羡慕不已，有些人会改变自己原有的模型去学习他们，这样股价会进一步自我强化迅速上升，自发形成泡沫。当股价到达高位后，出现下跌时，最初大家还犹豫不决，不知道是上升途中的合理震荡还是股价已见顶。当股价大幅下跌时，很多人会如梦初醒或者虽不甘心但还是先行撤出，这样股价又会自我加强式的下跌，以致出现崩溃。索罗斯把这种现象总结为反身性理论。

换一个角度看，当股市处于低波动的平静期或者称之为箱体内波动时，人们感觉自己的预测比较符合实际发生的事情，大家会比较确信自己的预测模型。多数投资者会鲜少去探索新的预测模型，简单行为占主导地位。

当市场转为高波动阶段，市场会产生不同的消息，真真假假的信息弥漫市场，自己内心波涛汹涌，原来的预测模型会随市场激烈的起伏忽坚定忽犹疑。交易量随即放大，这时复杂行为就占据了主导地位。当市场进一步动荡时，也就是向上或向下突破箱体时，反身性效应进一步加强，交易量急剧增大。投资者们或贪婪或恐惧，不断进进出出，市场出现混沌状态。一只股票的某个未经证实的消息可能会引起突然暴涨暴跌，甚至会瞬间波及整个板块，乃至于整个市场。

经济和股市的各自不均衡是常态，复杂性科学是研究这些不均衡是如何传播的。市场的价格被不断归纳出来的预期内生驱动，无法运用精确的演绎逻辑判断，所以仿佛充满神秘和魔力。这也是传统经济学在现实世界中遭遇挫折的原因，因为它认为经济的均衡状态为常态，即使偶尔有所偏离，也会很快被纠正过来。

证券市场中还叠加了许多人为的复杂化，人们把外部因素进行组合，进化出更为复杂的东西。比如期权、期货等金融衍生品，就是针对股票、债券、外汇等基础资产的人为复杂化。所以从经济本身的动态非均衡到股票基本面的时时变化、代理人风险、财报的帕乔利密码、股价内传播特征,到股价的涌现以及衍生品人为复杂化,等等,带给人们的是雾里看花、扑朔迷离的市场感受。

三、意义就是解读

人们关注上市公司的基本面,普通投资者去研究公司的主营业务、收入业绩、产业前景、财务报表、经理人情况等公开信息。且不说这些资料是不是很全面准确完整,有没有代理人风险,至少它是过去时。而我们都知道投资是投未来,未来的公司情况我们怎么会十分清楚呢,这就是不确定性,就是康德所说的不可知。

帕乔利密码是上市公司财报的一层忽明忽暗的迷雾,不同的人有不同深度的解读,普通投资者是不是能完全破解,这真是个谜。15世纪是世界史发生重大转变的世纪,文艺复兴冲破了中世纪的灰暗,带来了科学的发展、艺术的繁荣和经济的深刻变化。地理大发现推动了国际贸易的发展,使欧洲成为世界贸易中心。众所周知,在文艺复兴开端的意大利,一时间群星璀璨,许多艺术大师、科学先驱、商业精英交相辉映,其中就有一位著名数学家帕乔利。他是达·芬奇的好朋友,他们还一起出版过一本书,达·芬奇为该书画了60幅插图。在意大利人哥伦布发现新大陆之后两年的1494年,另一位意大利人帕乔利出版了《数学大全》一书,发明了流传至今、风靡世界的"复式记账法",推动了科学记账方法的大规模普及,他成了世界会计学之父。

在帕乔利之前的几千年世界文明史当中,人类其实一直为如何更好地记账而烦恼。因为几千年来全世界所有商人的记账方法都是流水账,即按时序的单式记账法。很多人一年到头辛苦经营下来最后都不知道自己到底赚了多少钱,是一笔糊涂账。其中的原因很容易理解,因为那时候的人们都只会记录流水账。流水账就是简单地按时间顺序记录每一笔账,如果每年没有几笔账可记,那还比较容易厘清。不过正常的生意一般在一年当中都会发生成百上千笔账,而且每一笔账也不都是明确的收入或支出。对于借款、贷款、预支、订金、投资等复杂行为就无法恰当记录和反映了,如果不记就会形成遗漏。比较大的公司由于业务纷繁复杂、交易众多,逐笔去核对、辨别、厘清,会是个极其烦琐的工作。这对商业发展是极大的限制,连账务都无法记清楚、算明白,就只能小本经营。因为如果扩大规模就要引进新股东,那么年底一本糊涂账,不知道公司赚没赚钱或者赚了多少钱,股东们如何放心入股?

威尼斯商人之所以名不虚传,在于不但会赚钱还会记账。他们勇敢探索、不断总结,在12世纪就已经有了复杂的合伙和投资。一船货物在出海前可能来自十几个人的集资,船出海后把货物卖给几百人,所得钱款金额的一半又从几十人手中买了多种货物,另一半投资了另一艘船的贸易生意。这一次航行就是一次生意,回来之后可以把这么复杂烦琐的会计内容轻易地核算清楚,让所有集资合伙人都相信所得分红是公平合理的。

到了14世纪,这些威尼斯商人逐渐探索出了许多零星的、比较合理的记账方法。帕乔利当时是威尼斯的一个数学家和修道士,很多大商人都是他的朋友,这些商人朋友经常和他分享他们的商海风云和经营烦恼。面对大量金钱往来的计算和不同往来性质,必须把所有的利害关系换算成数字,并且可以放在天平上衡量,能够反映出每一笔钱款的来处和去处,明确其资金性质,做到左右两个天平处于平衡状态,帕乔利决心解决这个难题。

达·芬奇是个旷世奇才,在艺术、科学、工程等领域都有非凡贡献。他在为米兰圣玛利亚教堂绘制《最后的晚餐》时曾请教帕乔利比例、几何和透视关系等数学问题。他们后来经常一起讨论哲学、人性、数学问题。达·芬奇认为人性有两面性，有善就有恶，有爱就有恨，对于整个物质世界都展现了这种二元性。这些启发了帕乔利，他领悟到商人们面对收入与支出、利润与亏损，就是二元对立，这应该成为商业记录的支点。于是帕乔利在这个支点的统领下，对威尼斯商人的记账方法进行系统梳理和总结，写在《数学大全》中出版。他将这种方法命名为"复式记账法"，其精髓是：每一笔商业往来都要以相等的金额记录，同时在两个账户中进行双重登记，即有借必有贷，借贷必相等。如果全部的业务都这样完整、全面、有条理地记录，商人建立的这套核算体系，就可以随时正确计算出利润的数字。

我们今天习以为常的复式记账法是经过几千年的探索才得以产生，对经济发展有巨大的推动作用。现在的上市公司大多是大型和中型公司，每天都有大量的业务处理，钱款进出纷繁复杂。可以说，如果把每一笔业务和财务都用文字详细记录和说明清楚，那将是个巨量的任务。即便做出来了，公布于众，作为普通投资者也难以有精力和专业知识去细读每一个字，并且完全理解透彻。现实的方法是公司按月度、季度、半年和年度公布财务报告。不管多么大的公司、多么繁复的业务，都可以用几页纸，全面准确地反映公司报告期的资产负债、利润和现金流状态。普通投资者在精力范围内是可以去关注和解读这些财报的，这是世界通行做法。

伟大的数学家帕乔利在哥伦布发现新大陆的第三年发现了会计学的新大陆。哥伦布为世界找到了充足的食物和货币，帕乔利为公司做大做强找到了新途径。

复式记账法把复杂的经济活动转换成货币数字，即帕乔利密码。这些密码有极其强大的压缩威力，再巨大的公司经营状况也能压缩在几张财务报表里，而且信息全面丰富、金额准确，否则投资者和银行不愿意提供资金。同时这些报表不能过分透明，一则篇幅有限，二则防止竞争对手会轻易学走经营方法和商业秘密，因此帕乔利密码所含信息往往不易破解。这对于普通投资者来说，虽然不是完美地了解公司基本面的方法，却是一种科学、现实的解决方案。关键在于如何去解读，解读就是意义，对数据的解读才是数据的意义，而不在于数据本身。对于同一只股票的财报，不同的人有不同的解读，从而得出不同的预期。

康德心物模型最外圈的那片迷雾浓密而无边，科学发展到今天，其实已知的物质只占宇宙的4%，其余96%的物质的存在形式和本质我们根本不知道。投资的外在复杂性，不只是我们谈到的三方面，还有很多方面我们并未涉及，甚至还有许多我们从未意识到的因素。理解世界越浅薄，决策越轻易。我们努力去探索股票甚至世界的运行规律，虽然不可能完全知道，但是我们要尽最大努力去了解是什么阻碍了准确预测，然后再找出我们能够掌握的有效投资方法。

前面我们分析了投资的外在复杂性，后面将探索我们的意识领域更为莫测、迷离、不可言说的复杂性，就是康德心物模型四个同心圆中最内圈的那团迷雾。

第四章
认识你自己

在投资过程中，人们往往没有传统经济学里假设的那么理性，许多人对自己的一些心理偏见一无所知或者视而不见。人们天生就有许多习惯性认知偏差，比如过度自信、损失厌恶、禀赋效应、沉没成本误区、心理账户以及幸存者偏差等。近年来这些行为经济学和行为金融学的研究成果，剥去了"理性人假设"的外衣，揭露出传统学派未曾发现或者无法解释的现象和本质。我们通过深入探寻、挖掘人们内心深处的隐秘世界，寻求规避这些心理偏差和焦虑情绪的困扰，从而避免自身的原因而导致的投资损失。

自信是好事情，行为经济学中所讲的过度自信却是一种认知偏差。这不等同于自高自大、目中无人，是大多数人的通病，一般体现在人们对自我的评价上，在和别人做比较时，人们常常对自己的知识和能力过于自信，而且通常自己察觉不到。一项研究发现，90%的人认为自己的驾驶技术在平均水平之上，而很少有人认为自己比平均水平低。在证券市场中许多频繁交易的投资者往往也是由于过度自信，他们过于相信自己的金融知识和判断，自信自己了解市场走势，相信自己能够预测哪只股票会涨、哪只股票会跌。研究发现，交易越频繁，亏损就越大。

再如沉没成本误区的例子，一些投资者会有这样的经验，在发现自己过去买入的一只股票是一项错误的投资时，并没有立刻悬崖勒马，而是选择在股价不断下跌的过程中再次买入摊低成本，期盼奇迹的发生，挽回自己前面已经沉没的损失。沉没成本的误区在于为了避免损失给自己带来的负面情绪（损失厌恶），而过于关注过去的付出，忽视了未来的结果。坚持到底一定是胜利吗？如果是股票的基本面出现重大问题，恐怕会越陷越深。这种种心理偏差和误区会影响人们的正确判断，但是却根植于我们的内心。

人们不但有共通的意识特征和心理偏差，还有各自不同的人生追求和性格特点，这些内在的因素落实在投资上会呈现出形形色色的投资决策，和无法理解的价格走势。有一种投资理论叫均值回归，指股票、房产等投资品价格无论高于还是低于价格中枢（均值），从长期角度看，应该有很高的概率向均值回归。其实人生也存在均值回归，这个均值，就是他内心最深处的冲动，是他生命中真正的渴望，是他到底是一个什么样的人。

回顾我们的学生时代和职业生涯，有一些同学、同事看起来十分优秀，后来成了很平凡的人；而一些最初看起来平平无奇的人，默默地坚持下来，后来却有超水平发挥，做出非凡的成就。我想，这个起核心作用的东西就是——人的渴望。

我是谁？我是什么样的性格？我有什么优缺点？我不适合做什么？我适合做什么？我喜欢或者不喜欢什么样的生活方式？这些都是人们在青少年时期就会不断地反复扪心自问的重要问题。在人生道路选择的重要时刻，这些哲学问题会起到决定性作用。然而生存的压力迫使大多数人盲目地通过复制所谓的成功道路去获取社会资源，而完全忽视了人的内在动能才是决定他未来道路的根本因素。一个人内心深处的这些重要问题，最终会决定他愿意为什么而奋斗，决定他对一份事业的热情和责任心，最终决定他人生的意义。所以在两千年前苏格拉底说："认识你自己。"

认识自己是件不容易的事，人时时刻刻会产生各种念头，有大大小小意志的矛盾和纠结。人的思想意识源头的本我,自己难以认知,且不受自己主观意识的控制。

李商隐有诗句"永忆江湖归白发,欲回天地入扁舟"。彼时他才中进士不久,又刚刚迎娶了心爱的妻子。他在那个春天里站在大唐西北地区的安定城楼上,那是他岳父任节度使的领地,内心却陷入多重意志的互搏之中。他的理想似乎始终是向往着白发时归隐江湖,不问名利,又想在此之前建功立业、挽回大唐摇摇欲坠的基业,得到世俗的认可。我们能够理解诗人内心中的多重理想,有一个儒生超我的、为国为民的道德情怀,也有实现世俗意义上的成功,还有意识更深处本我的呼唤。

诗人的情愫与纠结,是许多人都曾有过的。自己的理想到底是什么?自己到底要什么?我是什么样的人?在投资的时候,人们真的知道自己要什么吗?是安全还是暴利,是相信自己可以预测未来,还是事先自知可以经受住股市一路颠簸?我们在上一章探讨了康德关于世界的外在复杂性的观点,我们现在讨论一下康德的另一团迷雾——人的内在复杂性。这在选择和确立适合自己的投资策略时,显得尤为重要。

一、复杂的意识与浪漫主义

康德心物模型的四个同心圆中,最中心的一个圆是人的心灵世界(潜意识、意识),其中潜意识是自己很难认识清楚的东西。他在《纯粹理性批判》里表示,人的心灵是"内感官"为自己编造的东西,它不能被"外感官"所感知。他的论断来自卢梭的启发,卢梭在《爱弥儿》中有这样的话:"我们不理解自己;我们既不了解我们的天性,也不了解我们的能动的本原。"

到了一百年后弗洛伊德的时代,通常用心灵冰山比喻来细化、形容康德心灵世界。心灵冰山漂浮在意识的海洋中,蓝天上挂着金色的太阳,海面以上是意识的天空;海面下三米以内是浅水区,居住着意识;在海面下三米以外、越来越幽暗的深水区是人的潜意识区域,很大一部分是完全处于幽暗之中的,不为人知。本我,是完全位于幽暗的深水区,是无意识状态下的思想,代表思绪的原始程序,它是人最为原始的、最本能的冲动和欲望。它的能量巨大,只有本我是与生俱来的人格,也是人格结构的基础,日后自我和超我都是以本我为基础而发展出来的。本我只遵守快乐原则而不关心社会规则,只追求生物性需求，人的婴儿期是快乐原则最大化时期，也是本我体现最明显的时期。婴儿饿了就吃，困了就睡，高兴了就乐，不高兴了就哭，毫不遮掩，基本处于本我状态。

自我，是人的主观意识，是人展现在世界上的样子，它用现实原则暂时中止了快乐原则。它在自身和其环境中进行调节，延迟享乐，在个人的生物欲望和社会规范之间互相协调折中。自我的一半部分是在海平面之上的，沐浴着阳光，另一半处于浅水区，隐约可见。超我，是人格结构中的道德部分，是人格的管制者，由道德原则支配，属于追求完美的力量。超我在冰山的上中下部分都存在，其中大部分位于深水区（潜意识），一部分位于浅水区（前意识），最上面有一部分是在海面上（意识），和水上的自我一起沐浴在阳光里。超我倾向于站在本我的反对面，对自我带有一定的侵略性。社会文化的行为规范和道德期待是超我的动力，它以道德心的形式运作，维持个体的道德感，也就是康德的道德律，也往往令自我左右为难。

本我、自我、超我构成了人的完整人格，人的一切心理活动都可以从它们之间的联系中得到合理解释。自我永远存在，而超我和本我几乎永久对立。为了协调两者之间的矛盾，需要自我来进行调节。显而易见，水面以上部分只是心灵冰山一角，露出了一些自我和超我的部分，而水面以下占90%的体积是深藏不露的，静谧无声却暗流涌动，连自己也不十分清楚到底是什么样子（见图4-1）。

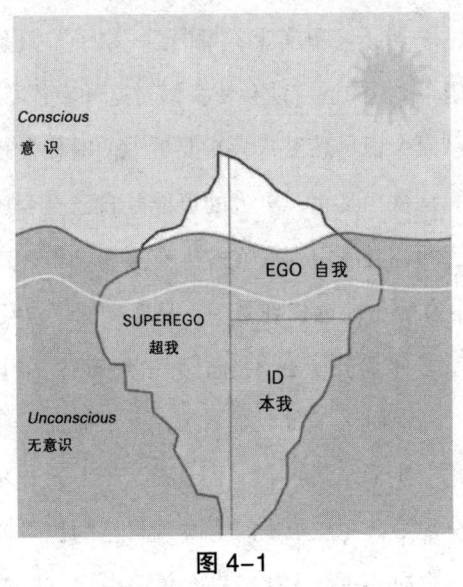

图4-1

少年不识愁滋味。对于美好的爱情，年轻时真知道自己的最爱是什么样子吗？恐怕绝大多数人两鬓微霜时，在自以为洞穿世事的年纪，回首少年时才隐约感知到，那时自己的心里还暗藏着海面下更大的冰山。这座冰山的一角里住着适应性偏差，这个现代行为经济学里的概念运用于爱情与婚姻中也很有趣。适应性偏差指的是人们常常低估自己的适应能力,从而高估某些事情在一段时间之后对自己的影响。很多人在没有结婚之前总认为,如果自己和心仪的人结婚,就一定可以甜蜜、幸福地生活一辈子。事实上,"甜蜜一辈子"只是我们的美好愿望,我们的适应性会使我们对这种幸福习以为常。以为自己而今识尽愁滋味,真要诉说的时候发现欲说还休。可能是欲言又止,更大的可能是自己至今还是说不清。自己的心灵冰山到底有多大有多深,不知道本我和超我到底在哪里能够找到平衡,只能委屈了自我。

两千多年前孔子在《论语》中坦言:"吾十有五而志于学,三十而立,四十而不惑,五十而知天命,六十而耳顺,七十而从心所欲,不逾矩。"孔子十五岁开始立志发奋学习,在三十岁时为实现自己的仁爱理想,立下自己的志向——走仕途,先在鲁国做官,后来周游列国寻找更好的仕途前景。在四十岁时对仕途之路还是坚定不移。屡败屡战之后孔子渐渐地感觉到自己实现理想的途径似乎不对,到五十岁时终于体会到了自己的天命——教书育人。孔子直到这时才醒悟,自己正直的个性和仁爱思想是难以在仕途中如鱼得水的,以自己的个性和学识最适合自己的是学术和教育事业。从此以后，便从心所欲不逾矩，达到意识深处的和谐了。

看来，人生真正的事业从五十岁开始并不是戏言。半个世纪的人生经验给人以足够的时间和机会，去了解自己和社会。之前无论是认识自己还是探索世界，抑或是试错，都属于可以理解的范围。但是五十岁了，你再越位、任性，则是不仁，就不是君子了。

现代心理学家荣格对孔子的命题做了更明确的阐述，他提出人生可分为两个阶段：年轻的时候人们往往是向外追求，依赖外部认可来定义自己。如取得职业成就、实现经济独立等，这些目标是社会认可的成功标志，人们以此满足内在的安全感和成就感。当人们步入中年以后，心理需求会或多或少地逐渐发生变化，开始反思过去追求的东西是否真的会带来永久的幸福。此时，一些人会感觉到空虚，意识到自己并未真正为自己而活，而只是满足了外界的期望。于是后半生便成了一场向内的旅程，开始探索自己的真实需求，追求精神的完整。这个过程，荣格称之为个体化过程，即一个人从内心觉醒，重新审视内心的渴望，逐渐成长为独立的个体，获得属于自己的价值感。人们开始关注"我想要的是什么"，而不是"别人认为我该拥有什么"。

大成至圣先师孔子尚且在五十岁时才"认识"了自己，普通人就更难言自己能认识自己几分。记得号称德国投资之父的科斯托拉尼在他的回忆录里回顾他六十年的投资心路历程，其中有一个有趣的小场景：他在20世纪30年代的某一日股市暴跌之后，无精打采地走回家中，通过各种分析和深思熟虑后，认为他的股票面临巨大风险，决定第二天一早就去股票交易所把手里的股票全部卖掉，刻不容缓。他第二天早上开盘前就来到交易所，当他在交易大厅里填写卖出的委托单时，看到开盘后的股市急剧上涨，气势如虹。他停下了笔，看着自己的股票也在快速上涨，开始怀疑自己昨天深思熟虑的正确性。临近中午的时候他已经完全改变了主意，放弃了卖出的打算，哼着小曲向家里走去。大师真的了解自己吗？

心灵冰山的主体部分是那么难以自知，却有着巨大的能量。叔本华把它叫作生命意志，这个"意志"是盲目又没有终点的、无休止的本能欲望和冲动。他换了一个角度去观察世界，把人的生命力作为世界根本，把人自身的意志看成真实的世界，把现实世界的种种现象称作表象。人的意志才是世界的本质，其他事物只不过是意志的客体化——"世界是我的表象"。

到了尼采那里，在肯定了叔本华把意志作为世界根本的基础上，觉得在生存意志之上还存在一个超越自我设定的更大目标、更大的欲望，也可以称为远大理想或者自我实现。这些都来自影响至深的浪漫主义起源与发展。

20世纪，萨特的存在主义进一步深入探索了人们内心的焦虑及其根源。我们能从他"存在的焦虑"中认识到投资者因为拥有完全的买卖决策自由，从而陷入了深深的焦虑。"存在的焦虑"是指人在面对无限自由时的迷茫与恐惧。这种焦虑的来源是人拥有彻底的自由与责任，人必须自己决定如何定义自己。这种无限的自由带来了巨大的责任，而责任的沉重性导致焦虑。萨特在《存在与虚无》中举了一个"悬崖恐惧"的例子，一个站在悬崖边上的人，会感到恐惧，同时也会感到一种更深层的焦虑——不是对坠落的恐惧，而是对自己可能会主动跳下去的恐惧。这说明，我们不仅害怕外部世界带来的危险，更害怕自己拥有选择的权利。这些心理困境始终在人们似知非知的情况下发挥作用，在进行投资决策时更是不可轻视。

西方中世纪，神是主宰；文艺复兴以后理性主义、启蒙思想兴起，理性是主宰；18世纪人们被理性压抑的个人意志开始挣脱,浪漫主义不单是对理性主义的反思与反击,还是西方意识最重大的变革,人是主宰;当代西方国家的主流意识形态是自由主义,主张维护思想自由、法治、市场经济,成为浪漫主义最后的结局,现代人是理性主义和浪漫主义两个世界的后代。

18世纪最重大的事件是科学取得了伟大的胜利,牛顿的世界如日中天,工业革命是人类历史上最大的转折点。科学理性似乎可以解决一切问题,无论是宇宙还是人心都可以理性地把握,莱布尼茨的门徒甚至试图用理性调和宗教。任何不能与理性调和的东西都受到冷遇,理性主义过度应用已经成为某种教条主义,这使得人类情感受到很大压抑。

康德一辈子都生活在德国的柯尼斯堡——一座美丽的波罗的海海滨城市,现在已改名为加里宁格勒,是俄罗斯著名的飞地。在18世纪的许多年里,康德都在这里和他的邻居哈曼讨论、争吵。哈曼也是一位哲学家,他认为人真正想要的,不是伏尔泰所说的幸福,而是自己的才能可以得到淋漓尽致的发挥,即我们今天所说的自我实现。哈曼是第一个以最公开、最激烈的方式向启蒙思想宣战的人,他成为德国狂飙运动的先驱。他认为人的心灵有很多隐秘领域，是千变万化的，无法只用一个理性就能完全解决所有问题。之前的文学作品对于悲剧的归因是社会制度问题，换个制度，悲剧就不会发生，他认为这过于肤浅。在他的影响下，悲剧文学作品有了质的改变，克林格尔随后在1776年出版了小说《狂飙突进》，这也是该运动名称的由来。狂飙运动最有名的作品是歌德的《少年维特之烦恼》，在作品里维特无法在理性里找到解决办法，他认为世界不是理性的，但非要按理性行事，他对世界感到绝望。

现代社会许多人的爱情观其实是伴随着18世纪小说而兴起，很大程度上要归功于德国的浪漫主义思潮，归功于歌德。《少年维特之烦恼》出版于1774年，当时歌德只有25岁，这部爱情小说一经问世，便迷倒了一代人。在他的笔下，爱情被提升为一种崇高价值，爱情可以高于生命，成为生活意义的体现。在歌德看来，两情相悦是一种命运的安排，爱一个人是不需要任何理由的，坠入情网的人往往说不清自己为什么会爱上对方。这种浪漫主义爱情观赋予爱一种神圣性，因而当小说里人物的爱情和道德发生冲突时，读者往往会倾向于站在爱情一边。谁都没错，错的是命运。歌德狂飙突进的浪漫主义影响了后来许多文学大师，1830年司汤达的《红与黑》、1857年福楼拜的《包法利夫人》、1877年托尔斯泰的《安娜·卡列尼娜》等作品里女主人公的爱情追求，至今仍能获得人们的同情。有所不同的是，在歌德之后，价值观介入，爱情的理由开始变得越发重要，文学家们要为女主人公的爱情找到更合理的价值观解释，人们同情她们对爱的追求，把她们的悲剧归咎于社会。正是因为触及了爱情的社会原因，这成为小说从浪漫主义发展到现实主义的标志。然而，歌德的观点根植于潜意识无声的诉求。后来的现实主义文学更注重于维持长久的情绪价值和物质前提，浪漫中融入许多理性。

康德把人的情绪从精神世界中解放出来，他认为人的躯体，包括本能和天性欲望、情绪、情感，属于自然界，而人的道德、意志、认知属于精神世界。

自然界（包括人的本能、天性、情绪）服从因果律；人类社会的人，精神世界的人，可以出自己凭自由意志去调和超我和本我，做出自主的选择从而形成自我，服从道德律。自然界的因果律类似于数学公式一样，有恒定的函数关系，无所谓道德，完全由外在因素控制，没有自主意识的参与。到了荣格的时代，他更进一步阐释了人的潜意识是由个体潜意识和集体潜意识所构成，其中人的个体潜意识来自其自身的经历和经验，即情结。集体潜意识是在人类进化过程中形成的，集体共通的心灵底层经验和精神沉淀物，来自遗传因素，为人类普遍拥有，由全部的本能以及相关的原型组成，很类似于老子所说的"道"。荣格也做了个形象的比喻，他认为整个人格结构像一座海上的小岛：自我意识——是小岛露出海面的部分；个体潜意识——是水下的部分；集体潜意识——是海床。

康德崇尚科学理性，也深入思考人性，他重新诠释了人有自由意志。他眼中的启蒙主义是人们自主决定自己的生活，摆脱任何人的束缚，并对自己的行动负责，这是成熟的人、文明的人。人的精神世界是自由的世界，可以天马行空、上天入地。人有这个自由驰骋的精神领域，不是一片雪花，只能别无选择地在地球引力和风的左右下飞舞。食草性动物不吃其他动物，是自然界的因果律作用，是不自主的行为，它们没有自由意志，并不是因为它们有道德，所以并不值得赞扬。但是人不一样，人有自由意志，可以自由选择吃什么、不吃什么。

当人的精神境界把道德当成了自由意志的标准时，这种道德律是人最高层次的自由！也是他纯粹实践理性的运用过程。正是因为人有自由意志，可以为自己确立行为法则，道德才成为可能。因为道德最基本的功能就是对人的行为进行追责，法律的基础也是道德，法律后面紧跟着的是处罚。法律本身是首先去预设一个底线，人可以去选择守法或者违反。人的行为不像因果律那样是必然的，而是自己自由地去选择怎么做。康德认为贫穷、愤怒等借口都是行不端之事，都是避免道德。投资策略有很多种，我们有选择的自由。

康德之所以被推举为浪漫主义之父，是因为他关于人的自由意志学说。他认为人能分辨欲望与意志、责任与利益、正当与错误，并且能够自主选择怎么做。今天看来这些似乎是显而易见的事件，但在二百多年前却是争论的焦点。

我们回顾这些人类认知转变的过程，意在清楚地面对我们自己的内心构成。内心这么复杂难懂，我们不得不去努力认识自己。在投资过程中买卖什么、价格多少，是我们的自由选择。我们既然是自主选择，就要有承担后果的责任和勇气。每个人的内心深处都存在贪婪、自私和恐惧，这是集体潜意识所致，它像海床一样普遍且相通。我们只能正视它的存在，接受它、规避它，而不是轻视或忽略。如果持有的股票下跌严重，你的情绪会有波动，甚至会出现剧烈波动、寝食难安。你会发现你可能控制不了自己的情绪，因为它属于我们的本能和潜意识，属于自然界。

二、身体很诚实与身体优先

科斯托拉尼那个晚上工作到很晚，紧张地分析和研判经济形势和持有的股票。焦虑和恐惧的情绪让他难以安眠，虽然并没有发现特别巨大的利空消息，但是否尚未公布或者自己的信息滞后？股市猛烈的下跌总是有原因的吧。这时候情绪战胜了理性，他决定卖出所有股票，先规避风险，减少损失，以后有机会再买回来。否则，焦虑的情绪一直在提醒他，好像空气一样弥漫在整个空间里，让人无法摆脱。第二天的股市暴涨又让他长长地舒了一口气，仿佛什么都没有发生，情绪又一次战胜了理性。

这个现象在半个世纪后，由诺贝尔经济学奖得主塞勒给出了科学的解答。1993年塞勒称这种现象为"短视性损失规避"，从长远来看不稳定的股票投资非常有利可图，但股票投资中那种类似过山车上下浮动的体验非常令人厌恶。股价每次上升时都感觉很好，但每次下跌时也会加倍痛苦。这就是损失厌恶，指人们在对待同样数量的盈利和损失时，感觉损失更令人难以忍受，因为损失带来的负情绪效用为盈利的正情绪效用的2.5倍。塞勒后来又在很大的人群中做了一项实验，发现股票收益的大小取决于查看账户的次数，证实了情绪在投资中巨大的作用。

过去的一百多年里，人们似乎忽略了身体对意识的重要作用，仿佛脱离了身体的大脑，能够独自进行理性决策并独立执行。

当代极具影响力的神经科学家达马西奥，开创了身体意识研究领域。认为生命是一个自体平衡系统，是最基本的生物价值和目的。这个观点来自三百多年前著名的启蒙思想家斯宾诺莎，他说："人的基本欲望是自我保全的冲动。"现代神经科学证实人的神经系统是保全躯体存活的必需功能所在，神经系统与所有的机体器官保持直接、双向联系，使躯体加入了意识的高阶运转回路。这样机体的低阶运转进入了高阶理性推理的回路当中去，人的情绪、感受得以在理性推理中发挥重要作用。

达马西奥坦陈斯宾诺莎对他的科学研究具有根本性的影响，为了融入斯宾诺莎，他和妻子专程从美国飞到阿姆斯特丹"寻找斯宾诺莎"。在其著作《寻找斯宾诺莎》里描述了这样的情景：他们坐在斯宾诺莎故居的门前，想象这位伟大的思想者当时是如何被驱逐出教门，又是如何拒绝莱布尼茨亲自送来的教授聘书。想象他如何独立不羁，为了生计终日笼罩在打磨镜片的玻璃粉尘之中。斯宾诺莎凭直觉发现了与生俱来的神经生物学智慧，即所有的有机体都会努力地保护自己，却很少会意识到这一点。在当前的生物学术语中，斯宾诺莎的努力是指什么？它是大脑回路中形成的倾向的集合，一旦受到自身内部或者外部环境的影响，这些意向就会自动去寻求生存和幸福。

达马西奥在著作中表述，在亿万年的进化过程中，人类已经整合了大脑的情绪、感受机制。一个信息刺激通过神经系统和化学物质，激发大脑内部的杏仁核、下丘脑、脑干等相关区域的反应，出现相应的某种情绪状态。同时感受机制瞬间改变心、肺等内脏和肌肉系统等人体内部环境，导致身体的自动自保系统迅速发挥作用，这是不以人的意志为转移的。科斯托拉尼的焦虑与恐惧就是情绪激活了躯体的自保系统，身体告诉他要尽快脱离危险的处境，包括股票暴跌的风险。

那么情绪和感受在决策中到底起到怎样的作用？人的决策其实是分成两个路径，一是理性推理，二是情感引导。两者交织在一起，同时对可能的决策选项所对应的未来结果进行筛选。情感引导在快速回忆以往类似结果的情境是什么样子，帮助理性推理排除不利的选项，引导理性走向合理的方向。

过去的经历会对人造成影响，幸福的童年治愈一生，不幸的童年用一生去治愈。人类拥有两大生物天赋，意识和记忆。意识意味着心智和自我的存在，并且在记忆的帮助下，意识通过记录我们自己的个人经历来丰富我们的自我。这里的记忆既包括亲身体验，也包括读书取得的间接经验。当我们有意识地面对生命的每一个新的瞬间时，我们会不自觉地将过去与此刻相关的记忆中的情景和情绪相联结、相重叠，无论是愉快的还是忧伤的，似乎都会因回忆和联想而被放大。因为我们还会把此刻的感受投射到未来的想象之中，人的意识就是这样把过去、现在和未来融合在一起。每时每刻我们是生活在现在，也是生活在过去和未来，正如法国哲学家柏格森所说的，人的本质是意识的绵延。

神经生物学暗示我们，快乐比忧伤更有利于人的健康和发展，情感引导理性走向快乐的结局。在投资当中，特别是长期投资，通过多读书、多思考，提升认知水准，更多地看到本质问题，过滤杂乱的信息的能力会不断增强，这样就能有效地减少外部信息对自己情绪的冲击。不会对每个信息都大惊小怪，其实真正能影响中长期股价走势的信息屈指可数，大多数信息都是噪声或者自己夸大的解读。

认知的成长和经验的总结能让我们的意识在接收股市信息时，过滤掉噪声信息，去伪存真减少情绪的大波动，就相当于拓展了情绪的宽度，提高了情绪的韧性。这样忧虑会减少、快乐会增多，就顺应了生物学自保的本性了，人就觉得舒畅。情绪和感受是属于自然界的，遵循因果律，并没有什么道理可言。我们只能用我们能够控制的认知和意识，去疏解、安抚虽然在我们身体里但我们无法控制的情绪和欲望。前者是康德所仰望的星空，后者是心中的道德律。

达马西奥用科学证明了笛卡尔的错误——人的身心在决策时是不可分割的整体，是双向互动。所有的心理活动都需要身心共同参与，而且身体优先。

三、常识理性

在中华文化里，我们常常听到一些司空见惯、根深蒂固的常识性习俗，比如"男大当婚，女大当嫁"。过去很多人从来没有对自己的婚姻问题进行过深入思考和追问背后的深意及逻辑过程，而是认为习俗就是终极原因。固定常识和习惯已经深深刻在头脑里，到时候会自觉、不自觉地按此常识去做，这就是习俗的力量。再如，"水往低处流"也是个常识，几千年来人们就认为水本来就是往低处流的，这就是终极原因，不必再追问为什么。这是我们特有的文化精神，金观涛称之为常识理性，在荣格那里可以归类于集体潜意识。

我们在股市中也常听到类似的常识，比如"市场永远是对的""长线是金、短线是银"等。人们往往在遇到市场走势和自己的判断出现较大分歧时，归因于市场永远是对的，从而自己轻易地得到了宽慰和解脱，至于对这个分歧的真实原因的探究，则理所当然地到此为止。人们无论在投资中还是在生活中，往往是运用自己积累的习俗常识去分析和决策，这种常识理性构成了国人的底层思维结构，沉淀为集体潜意识。形成了我们思维上的简约精神和乐观主义，在探讨投资决策中人的主观思维复杂性时，有必要着重讨论一下我们传统文化中十分独特的常识理性所带来的深远影响。

作为我们根深蒂固的一种集体潜意识，常识理性一定有极其独特的形成、发展历史和理论根基，否则无法解释它在我们文化中发挥的核心作用。

回顾中国思想史，常识理性产生于魏晋时期，这让我们马上意识到那是汉末三国两晋时期烽火连天的三百年。那个时期在我们的印象中是波澜壮阔、英雄辈出、金戈铁马的时代，也是连年混战、瘟疫流行、饥荒遍野的三百年。东汉后期的官方统计人口是6000万人，而到了建安初期，全国人口已经"人户所存，十无一二"，人口只剩下1000多万了，这是唐代《通典》所记录的。如此大的人口损失，满目疮痍，很多村庄、城镇已经是无人区了，并导致北方少数民族趁西晋八王之乱、国力衰退之际而南下建立各种政权。再加上人们目睹了中原王朝也是如此，魏篡汉、晋篡魏，已经不讲上千年以来有序有伦理道德的王朝更替的法则，道德伦理观念出现了前所未有的危机。几代人，甚至是十几代人，没有见过和平盛世，所见所闻都是战乱、饥荒、抢劫、欺骗。这种大大小小的政权、军阀走马灯一样交替出现、更迭完全不按照儒家传统进行，伦理道德丧失殆尽，可以想见当时的人们很可能以为世界就是这样昏暗一片的，不知朗朗乾坤为何物，传统儒家道德思想遭遇严重危机。

儒家道德思想到魏晋时期已经受到士大夫阶层的普遍质疑，认为伦理道德只存在于家庭中，在社会中未必适用。为帝王效力是传统儒家思想中必须遵守的道德规范，到三国后期这种观念已经不那么根深蒂固了。"蜀中无大将，廖化成先锋"背后的含义是很多人才已经放弃仕途，归隐做名士去了。

在这种情况下，魏晋思想家、名士们开始寻找道德理论的深层问题出在哪里。孔子时对道德与常识只是松散的连接，到汉代为统治需要发展出的天人感应的宇宙论儒学。因此出现很多不符合常理的部分，比如出现天灾，皇帝就要下罪己诏。这样的反思促使思想家们必须去找到新的道德底层结构，他们把目光投向了老庄。

老子崇尚"无"，庄子崇尚"自然"。思想家们巧妙地把无和自然纳入道德的底层结构——魏晋玄学产生了。后世的德国哲学家康德认为，道德是向善的意志指向的一组规范。玄学的这组规范是自然，这是庄子的自然——一切自然而然的样子。中华文化自古是以道德为核心、为皈依。这样把自然和人之常情正式规定成为道德的具体内容,就很容易被人们普遍接受。用儒家文化的传宗接代理念解决了彼岸问题,用庄子的自然理念解决了此世问题。人们再一次找到了精神家园。

常识理性又称为常识合理精神,它是指中国文化以常识和人之常情作为合理性的最终依据,它是一切事物的根据,不需要再进一步去追问常识背后的更深层原因。常识理性塑造了中华文化的理性结构,它构成中西思维模式的重大差别。西方多数是逻辑和认知理性。

魏晋玄学第一次把常识理性提到道德的高度,把顺其自然和人之常情作为道德的最终目标,这是中华思想的一个大转折。陶渊明辞官归隐,他不认为是退而求其次,而是同样重要的两个价值。做官为民服务是道德行为,归隐顺应自然是同样高度的道德行为,并无高下之分。

然而道德不能建立在"无"上,必须把老子的无,转化为庄子的自然,自然是"有"。

西晋郭象在《庄子注》里解决了老子的"无到有"的问题,认为"无"并不是没有,而是一个玄冥之境(像夜晚关灯之后,室内物品看不见的状态)。当开灯之后，万物呈现出来了，就是"有"。这仿佛是量子力学的波粒二象性，"无"就是波，是没有去开灯观察时的状态；"有"就是粒子，当开灯的一瞬间，波坍缩为粒子状态了，"无"就成为"有"。郭象认为不是"无"创造了"有"，而是万物本来就存在，它们只是以不同的状态存在着，这种不同存在的状态就是庄子的自然。其哲学意义在于——现象是以多元形式存在的，人们看到的现象本身就那样存在。不是从"无"创造出来的，因而自然的常态就是合理的——预设了常识和自然本身就有十足的天然合理性。

更为重要的是魏晋玄学完成了孔孟儒学道德理论背后形而上的基础建设。郭象在儒学和老庄哲学的基础上，提出了新理论，认为"无比有更重要"——把"无"看成"有"的基础，"无"的各种潜在状态本来就存在。当"无"其中一种状态浮现为"有"时，当然一定是天然合理的，人们应该毫无疑问地接受。

孔子所讲的道德是周代的"族群伦理传统"之意。周代形成了大小族群内部远近亲疏、长幼有序的伦理道德规范，即家和国的观念。家里、国里都要遵循伦理道德之礼。后来孔子把族群的道德发展为个人的道德，道德载体从族群转为个人，仁即有道德，君子即有道德的人。儒家对道德的定义与后世的康德相同，康德认为道德是向善的意志指向的一组规范。我们悠久的中华文化中的道德，就是采用了周代和孔子的道德含义。而古希腊认为道德是自然法则的反映，西方宗教认为道德是上帝的戒律。

周之所以能灭商，一个根本原因是商只重视利益而不重视道德伦理的力量，无序的社会、落后的观念总不会长久。孔子的道德来源于此，所以其背后形而上的哲学基础相对薄弱，直到魏晋玄学完成了儒学的哲学构建。一则是把"无"看作"有"的基础，二则是通过玄冥之境解决了无中生有的问题，因为道德不能建立在"无"上，只能建立在"有"上。

"天不生仲尼，万古如长夜"形象地表达了孔子的超越视野，带领中华文化实现了超越突破，看到了文明曙光。人，发生了根本性变化，个体的人，从此有了道德这个信念，有了自己的价值观，有了一个人生最高的目标，这个目标能提供给他活下去的心理能量。他可以不受周围环境影响了，在精神上是独立的。有了这个信念的精神支柱，他再也不迷茫和恐惧了，他成了独立的个体，他有了有意义的世界。同时，他能够和有同样道德信念的人组成新的可交流、互相认同的群体，比如他们能够组成市场，自由买卖，多劳多得。而一群不讲道德、诚信的人很难组成成熟、发达的市场。讲诚信才能做生意这在今天是不言而喻的，而在文明早期的古埃及，虽存续两千多年，却一直是以物易物。因为没有互相的信任，就不会出现货币。古埃及文明的消失不是偶然的，因为它没有实现观念的超越突破，没有形成共同的价值观。

经过隋唐的巩固，到了宋明时期，哲学达到了高峰。程朱理学是中国唯一完整的哲学体系，中华传统文化价值体系从此得以定型。朱熹以常识理性为基石，综合、发展了周敦颐、邵雍、张载、程颢的理学思想，建构出把常识理性和儒家伦理整合在一起的一元论哲学理论体系。

北宋张载，世称横渠先生，众所周知的横渠四句"为天地立心，为生民立命，为往圣继绝学，为万世开太平"是其哲学主旨的集中体现。宇宙天地本无善恶，"天地无心，心都在人之心""人者，天地万物之心也"。君子应该替天地确立向善的价值取向，即"为天地立心"，天理也就是向善的道德规范了。张载的"气论"更是认识论的一大进步，他认为"气"组成了天地万物，气既可以是物质的，也可以是情感的和实践的，气是一个大的"活物"。

这样就给常识理性中的常识和人之常情是天然合理并且是最终的本质，提供了理论依据。后来程颢进一步把张载的"气"落实到"仁"上，把仁定义为天地万物之间的关系，扩展了仁的适用范围（孔子把仁定义为人与人之间的关系）。仁体现了情感性，人之常情更加稳固。从而把天地万物的道理与儒家伦理结合在一起，他第一次提出"理"这个观念，此后儒学称为理学，此前称为道学。

朱熹是理学的集大成者，他以常识理性为基石，综合、发展了前辈的理学思想。他把常识理性和儒家伦理进行整合，建构出涵盖宇宙的解释、道德伦理和社会制度的全面哲学理论体系。他认为"理"——是事物天然客观存在的逻辑或者模型，是形而上的。"气"——是物质或者情感等具体内容。用气去实现理，就是把物质或者情感放到理的模型中，世界是各种气填充到理的模型里而构建出来的。然而，气不一定能完全达到理的完美境界，就需要人们通过不断地修炼去达到。修身的重要一环是"格物致知"，这是第一次把科学认知纳入中华文化的道德框架，成为常识理性中理性认知精神的最重要的一步。"格致"是科学一词引进之前的称呼，上海至今还有一所著名的重点中学叫格致中学，始建于清代。

理学覆盖了从宇宙、社会、家庭到心灵的所有领域，人们通过学习知识、修炼道德情感和科学地认知事物，可以正确解决所有问题。常识理性就这样历经千年不断地发展、完善，塑造了一代又一代的中国人。

股市扑朔迷离，有可以感知的东西，也有不可知的东西；投资者知道自己要什么，也不完全知道；我们相信常识，但常识有很多种，你并不知道你的交易对手会用哪一个常识或者常情，甚至自己的常识也会随时改变。我们古老的常识理性一路经历千年的演变，深深植入国人的内心，必定体现在股市的波动中。

常识是一种只揭露某一段时间的现实知识，需要常常更新。然而我们有多少耳熟能详的常识会经常与时俱进地更新？我们的文化底蕴长期受到具有浪漫主义气质的常识理性熏陶，对今天投资心理的影响不可小觑。比如市场流传着很多互相矛盾的投资常识，有的说"长线是金"，有的说"短线是银"，还有说"波段是钻石"，甚至用"市场永远是对的""我别无选择"这种似是而非的论调来麻醉、开脱自己，这在萨特存在主义哲学的语境里就是对焦虑的逃避。人们试图假装自己并不自由，而是受环境、传统、常识、身份、命运等条件的支配，好像这样就不必自己承担责任了。其实这种焦虑并不完全是坏事，而是一种觉醒，只有当人意识到许多东西具有不确定性的时候，他才能真正开始创造属于自己的意义。清醒的投资者对证券市场、投资标的，对自己的投资策略选择，大多是运用逻辑方法，更加深入地去追根溯源、直指本质。逻辑理性是揭示现实背后永恒规律的思维方式，不满足于仅仅停留在常识理性层面。

李商隐心在江湖也在庙堂，他感知到了心灵冰山的上半部，却苦苦追寻那些牢牢牵引住他的深不可测的幽暗部分。他钟情于他美丽的妻子，却聚少离多，他的潜意识是否埋藏着赫尔德的自我表达意志，还是仅仅埋藏着人间幸福？

李商隐在晚年作《锦瑟》，表露他隐秘的心声。我很欣赏叶嘉莹先生对他的解读。诗的开篇说"锦瑟无端五十弦"，"我"为什么是这么多情、纠结和踌躇的人呢。天帝都因为感觉弦越多弹出的曲调越忧伤，命令把五十根弦的瑟一律改成二十五根的，而"我"还是像五十弦的瑟一样多情而忧伤，心灵冰山藏有千千结。"庄生晓梦迷蝴蝶"，"我"的初心不是做官，是归隐般的世间幸福如庄子，但是"我"还迷恋着治国平天下的蝴蝶梦。"望帝春心托杜鹃","我"已经不能实现我的理想,但还是像望帝那样无法忘记理想,望帝的悔恨化作杜鹃鸟,每天都在啼叫"不如归去,不如归去",他的理想是庄生还是蝴蝶?"此情可待成追忆,只是当时已惘然。"这些矛盾而忧伤的情绪是我今天才把它们当作追忆去悲伤的吗,其实"我"当时就充满了迷茫和怅然若失。

认识自己虽然不容易,还是要设法尽早地去努力体会、感知、领悟。因为我们大大小小的决策,是否能成为适合自己的正确的选择,取决于对自己认识的深度。按照康德的理论,情绪属于自然界,情绪不是我们自己可以任意掌控的。更重要的是,情绪又是生活的本质,人生就是无休止的意识与情绪、记忆的绵延和流动。人们的所有努力、奋斗,究其实质都是为了自己能够一直保持愉悦、美好、充满成就感的情绪。谁不愿意一直生活在这样积极的情绪当中呢?每天从睡梦中醒来,过去的、眼前的、未来的事情会似有似无地萦绕心头,这些事情到底有多大意义并不重要,重要的是它带给我们什么样的情绪。因为情绪是自己的,是自己的生活本质。经过一天的忙碌,晚上入睡之前,我们也许会想,我今天过得开心吗?一天的忙碌无论得与失,最终给自己留下的是现在进行时的情绪流,是分分秒秒情绪波动所绘就的一条曲线,这就是我们一天的全部收获和意义,因为其他的东西都是身外之物。一天如此,一月如此,一年如此,一生也如此,人生的意义就是自我意识和愉快情绪的绵延。

情绪的流动永不停歇,像长江的一江春水,流过高山峡谷、沃野平原。重要的是要流淌在自己的河道里,不能决堤。有过较深投资经验的投资者,大多面对过科斯托拉尼的恐惧,那是一种难以摆脱的情绪陷阱。那种恐惧的情绪是身体的自保功能,不是一般人自己能够控制得了的。在面对那样的恐惧时,情绪触发了身体的自保机制,迅速主导了人的决策。你原来熟练运用的投资策略会不堪一击,塞勒的"短视性损失规避"情绪占据了支配地位,可能会情绪化地卖出股票,虽然本意是为了减少进一步的亏损,却带来实际的投资损失。不是投资策略失败了,是你选择了不适合自己的投资策略。是你在遇到极端时刻,才发现这个策略是超出自己的情绪承受范围的。情绪所起到的巨大作用,迫使你改变了策略的初衷。说明这个策略不适合于你,并非策略本身存在问题。有资料统计,大多数普通投资者在面对投资亏损超过40%的时候，情绪开始处于难以控制的边缘，俗话说就是睡不着觉了。股价剧烈波动冲毁了情绪的堤坝，情绪冲毁了策略的堤坝，也冲毁了收益的堤坝。

怎样的投资策略能让自己一直情绪平稳、心安理得，睡得着觉？在安心安神之中取得良好收益，是很个性化的问题。价值投资法、趋势投资法都是好方法，可是只有先天身心条件适合这种策略的人，才有成功的可能。投资是经年累月的事情，是一生的事业。认识自己，了解自己的个性和诉求，首先是找到自己不能做什么、不善于做什么，这就是抓手。有了这个抓手，剩下的就是自己的优势了，也就找到了扬长避短的方向。找到适合自己的投资策略是做好投资的先决条件。巴菲特是天才，他的神经很"大条"，这是天生的，因此价值投资法适合巴菲特们这样的天才。我也见过一些短线高手，拥有非凡的直觉，在追涨杀跌中屡有斩获，他们是趋势投资法的天才。作为普通人的我们除了对天才们保持景仰，很难通过学习得到这样的能力。认识自己，扬长避短地去寻找适合自己的投资策略，是明智的选择。

情绪平和的本质是一个人潜意识觉得自己是安全的。潜意识的安全感，是人内心深处感觉自己是有退路的。有退路就有安全感,有安全感就会带来情绪的平和。安心投资策略就是让自己在极端情况下也感觉到有退路,这个策略追求的就是这样一种心理安全感。

认识自己,比认识世界更重要。

第五章
安心投资策略

投资似乎很简单，逢低买入，逢高卖出。可以短炒，可以长投。当今时代，网络交易，随手下单，信手拈来，逢低是多低，逢高为多高？短炒是多短，长投有多长？下单容易，决策的依据从何而来？这就是投资，我们熟悉又陌生。

笼统地说，投资的核心原理的确是"低买高卖"。最重要的秘密实际上是"如何做到"。技术分析派最迷人的魅力在于，对过去股价的K线图和浪型分析得句句在理，低点、高点一目了然。过去的股价走势确实具有一定参考意义，然而投资毕竟是在现在进行时，市场未来的K线图当下还没有画出来。认为未来市场走势可预测的预测派，会采取根据其预测进行选股、选时的主动投资策略，应该是牛顿世界观在起作用。未来是敞开的，涨、跌、平都有可能，假如预测对了，赚到了钱，人们会沾沾自喜；如果市场走势和自己的判断不一致，荒诞感立刻会涌上心头。认为市场难以预测的非预测派，倾向于被动投资，即采取一套触发性的理性策略和投资组合，从容面对未来的涨、跌、平。所有的投资策略最终都归结为一种哲学或信仰，也就是归结于一个大前提，即市场是否可预测的问题。

世界是随机的，要用理性去把握。理性在人类经验、科学的范围内有效。超出这一范围，理性会有些力不从心，此时荒诞产生了。证券市场的很多现象本就不在理性范围内，具有一定的荒诞性，需要我们尽力寻找一个理性之舟，去超越这种荒诞。

康德的两团迷雾困扰着普通投资者，人们没有能力和条件全面、及时地了解市场信息、上市公司实时动态。索罗斯在 2015 年宣布退休时说了一些肺腑之言："世界经济史是一部基于假象和谎言的连续剧。要获得财富，就要认清假象，投入其中。然后在假象被其他人认清之前，退出游戏。"与此同时，投资者甚至没有能力，随时完全控制内心的冲动和不安的情绪，因为情绪属于自然界、属于头顶的星空。投资者身处双重不确定的无限世界，以及人类有限的认知能力之中，在未来市场无法准确预测的大前提下，要取得满意的投资收益，人们能够做的应该是以确定对不确定，以部分对全体，以不变应万变，以有限对无限，以理性对荒诞。其实，限制就是自由。获得长期投资收益的前提是确定性。

本书提出的安心投资策略,是追求在保本的前提下获得满意收益的证券投资方法,原理是利用收益与风险的有利不对称性进行投资,因此能够安心地交易和持有投资标的并取得满意的收益,也称安心投资法。

在目前的证券市场中可转债和国债以及优质公司债等都是安心投资的标的。我们前面提到过可转债是一种"上不封顶,下有保底"的含有转股期权的特殊公司债券,有明显的收益、风险不对称特征,具有较高的性价比。到2024年9月为止,我国证券市场上有500多只可转债在交易,违约率不到2%,即绝大多数是下有保底(债券到期一定能拿回本金和利息),当遇到个股或者市场牛市则大概率收获和股票类似的高收益。另外,国债和优质公司债同样下有保底,在市场波动中也有获得较高回报的机会。

在康德迷雾的基础上,萨特发现了人们焦虑的根源。萨特存在主义哲学里有个"存在的焦虑"概念,是指人在面对无限自由时的迷茫与恐惧。这种焦虑的来源是来自人拥有彻底的自由与责任,人必须自己决定如何定义自己。这种无限的自由带来了巨大的责任,而责任的沉重性导致焦虑。萨特曾经在其著作《存在与虚无》中举了一个"悬崖恐惧"的例子,一个站在悬崖边上的人,会感到恐惧,同时也会感到一种更深层的焦虑——不是对坠落的恐惧,而是对自己可能会主动跳下去的恐惧。这说明,我们不仅害怕外部世界带来的危险,更害怕自己拥有选择的权利。这是一种"自由的负担"——我们无法逃避自己的选择,每一次决策都决定了我们是谁,而我们无法将责任推卸给命运、外部和他人。这种焦虑的核心在于,人是无根的存在,没有预设目的;人必须自己创造意义;任何决定都没有先天正确与否,而是由我们的行动决定其价值;人不仅为自己负责,也为整个人类负责,因为每次选择都在定义人性。

投资者拥有完全的买卖自由权,也因此陷入了深深的焦虑,即萨特的"存在的焦虑"。现实中,市场没有绝对正确的答案,每一个决策都是自由的,投资者必须自己承担后果。投资中的"悬崖恐惧"是,投资者不仅害怕市场下跌,更害怕自己可能会做出错误的决策;他们必须自己做出买或卖或持有的决定,而市场的不可预测性让他们焦虑不安;没有任何外部力量能准确告诉他们什么是"最正确",他只能依靠自己的判断,而这正是"自由"的沉重负担。比如在股票暴涨的时候,若买人会焦虑担心自己会不会接了"最后一棒",若不买又怕错过财富自由的机会。在股价暴跌时也会焦虑,若决定卖出,担心割肉后会反弹;若不卖又怕跌得更惨,最终血本无归。每一个决定都完全取决于自己,而这种无法回避的自由,正是萨特意义上的"存在的焦虑"。

投资者不仅要面对自己的选择,还要面对"他人的目光",即面对市场、朋友、社交网络对他们的判断。"羊群效应"就是"他人的目光"影响投资者决策的典型表现。如他原本不想买某只股,但看到周围所有人都在买,怕自己错过机会,就跟着买了。他把选择的责任交给了群体行为,而不是自己真正做出的决定。还有社交媒体上的投资焦虑,这种焦虑不是源于市场本身,而是他人的目光让他感觉到自己做出了错误选择。比如外界或社交媒体有时会让他感觉到"市场上大家都赚钱,为什么只有我亏损?而且不敢告诉别人自己的亏损,唯恐被人嘲笑。"当他意识到自己在别人眼中成了"失败者"时,他就不再是完全的自由个体了,心理上存在受他人目光凝视的羞耻感。

面对这些客观存在的普遍心理困境,我们应该接受自由,承担责任。承认投资没有"绝对正确的选择",

每次交易都是自由决定的，必须自己承担后果。那么，我们可以自己找到一个适合于自己的投资策略，把这种焦虑交给既定的策略及其纪律。从而摆脱"悬崖恐惧"和"他人的目光"所带来的困扰，安心投资策略就是一个可靠的选择。

首先，安心投资法的理论大前提是具备相应的世界观，承认客观世界是复杂、多样而且随机的，无法进行有效预测；承认主观世界是一团欲望和情绪，并不稳定。因此，采用理性策略去应对复杂、克服人性和存在的焦虑，严格按策略纪律行事，形象地说就是无脑操作。用有限应对无限，才会取得投资的成功。量子世界观的概率智慧，认为随机性是真实世界本来的样子。在证券市场中普通投资者不可能遍历市场的所有价格走势，一般只是做有限次交易，那么，有限次的交易机会就不能适用于大数定律。大数定律指随机事件在足够多的大量重复试验中，其出现的频率逐渐趋近于某个概率，从而呈现出几乎必然的规律，偶然中包含着必然。就是说，即使股市长期处于慢牛行情中，股价震荡上行几乎成为规律，但是普通投资者未必能同步赚到钱。因为频率是实际出现的频次，而概率是理想中的可能性。如果操作的次数不是足够多，频率就不一定等于概率，甚至与理想概率相差甚远。美国道琼斯指数 1900 年为 70 点，2000 年是 10788 点，上涨了大约 150 倍，平均每年上涨 1.5 倍。这是美国股市一百年的统计数据，是从数量足够大的数据中得出的盈利概率，拨开偶然的迷雾，得出必然的规律。但是有多少美股的投资者能得到这样的盈利倍数？因此有人说，大数定律是赌场的朋友，而不是赌客的朋友。由此看来，投资者的每次股票交易赢与亏本质上是随机的，并没有规律可言，所以市场无法预测。

然而，传统的世界观塑造了世世代代的人们，人们喜欢规律性，而不喜欢难以捉摸的随机性，认为一切的果，都是之前种下的某个特定的因造成的。但是市场走势不以人的意志为转移，并不会因为大家不喜欢而放弃随机性，市场依然我行我素，往往会出人意料，仿佛是个捉迷藏的专家。

其次，安心投资的投资标的都是国家优质资产，并且有明确的法律与合同保障。法律规定股票和债券的内涵是不同的。前者是股权，投资者就是股东；后者是债权，不管公司盈利与否，都要还本付息，有法律和发行合同双重保障。

另外，安心投资策略比较简单，易于操作。以可转债为例，在面值（100元）附近买入，因为上市公司有强烈的转股意愿，股价推高到高于转股价的30%有一种天然的引力，因此投资者一直持有到130元以上卖出是大概率事件，如果恰逢牛市，则股价上不封顶，可以卖到更好的价钱。这个策略敢于重仓，不会在犹豫中错失良机。

一、安心投资策略的原理

面对波涛汹涌的大海，我们要造一艘自动驾驶的航船。

安心投资的策略核心原理是投资于不对称性，是当投资风险与收益出现不对称情况时进行投资的方法。进一步说，是投资于胜率和赔率双高的标的。市场通常的认知是高风险才有高收益，低风险只有低收益，这是风险收益对称性体现，在投资者眼里是天经地义的。如果深入地挖掘，还有低风险高收益的投资策略存在。

> 胜率即获胜的概率。胜率 = 赚钱的次数 / 交易

总次数。

高胜率,就是获胜的概率高,即获胜的次数多,可以理解为安全性高。比如把钱存在国有大银行的胜率最高,为100%,去存10次会赚10次,虽然赚取的利息很少。为什么赚得少?因为赔率低。

赔率就是盈亏比。赔率=获胜时的盈利/失败时的亏损。

高赔率,就是获胜时盈利高,可以理解为价格弹性高。

简单起见,以掷骰子游戏为例。掷骰子时出现3点,赢了则赚10元,没押中则损失投注时的2元。赔率=10/2=5,说明如果押中了盈利是很高的。但其胜率=1/6=0.17,骰子6个面,出现3点的概率为0.17,获胜的概率很低。

我们再来看看可转债的胜率和赔率。截至目前,上市交易的可转债中仅出现过5家违约情况,统计下来可转债的胜率超过99%。通常情况下,我们会在上市交易的可转债中,精选出优质的几只或者十几只买入持有,这样的话,违约率会接近于0,因此胜率会接近于

100%，无论怎样胜率都很高。正常情况下优质可转债的二级市场收益一般在30元到100元，我们取保守些的30元为例；如果可转债没有达到强制赎回条件，我们持有到期以赎回100元本金加利息而告终，其大致亏损＝同期的银行利息－可转债利息＝100(3%-2%)=1元。其中100是按面值买入时投入的100元，假设3%为一年期银行储蓄存款利率，因为不买转债的话最保险的投资是储蓄存款，2%是转债的年利率（每只转债略有不同）。那么，可转债的赔率＝30元/1元＝30，这个赔率比较高了，是掷骰子的6倍，当然掷骰子的投资周期是1秒钟，银行储蓄存款周期是1年，转债的投资周期是6个月到6年不等。

由于市场存在随机性，我们所选择的优质转债也未必永远优质，真正可怕的不是野生猛兽，因为你会小心提防。真正危险的是你重仓投入"熟透了的鸭子"，因为万一落入违约的1%，"煮熟的鸭子飞了"不是不可能。为以防万一，即使投资优质转债，也不能把全部资金投入某一只转债，也要分散投资，那么到底怎样确定仓位比例，可以参考凯利公式。

穿越熊牛是本策略的一个重要功能。投资是一项长期事业，可以做一辈子。投资不是做一次就完全退出不做了，而是一轮一轮地不停地进行。永远在市场中，这就要求任何一轮投资都不能爆仓（本金归零）。只要有一次爆仓，把本金亏掉了，那就意味着你永远出局了。牛市和熊市的市场环境截然不同，完全依靠主观预测往往会陷入贪婪和恐惧的怪圈。如果严格按照本策略执行的话，100元甚至是100元以下的可转债价格基本上出现在熊市阶段，策略就会自动提示买入；当进入牛市时，按照策略的高价回撤法分期分批地卖出，等到牛市结束时，在不知不觉中完成了清仓工作。这样既能在熊市抄到底，又能在牛市卖到高价。当在牛市高位时，按策略应该卖出了所有手中的转债了，实现自动落袋为安，完成了一次有满意收益的熊牛穿越。好的投资方法要满足三个基本要求，一是永不爆仓，二是资金长期收益总和最大化，三是记住前两条。

自动仓位配置是本策略的另一个重要功能。仓位调节是实现投资收益的关键所在。在熊市低位时，分期分批地建仓操作，会在牛市来临之前自动达到重仓水平。如果对仓位内部标的的种类和精细仓位配置有更高要求的话，可以运用凯利公式进一步计算。

1956年约翰·凯利提出了用于计算某一个投资标的在整个本金中所占的最佳比例的公式,称为凯利公式。它为实现最佳的仓位配置和资金运用提供了科学依据。为简明扼要起见,这里我们用简化了的公式做说明:

凯利公式 f=(bp-q)/b

f=投资比例;p=胜率;q=1-p;b=赔率

凯利公式把胜率、赔率和仓位比例整合在一起。

二、限制就是自由

奥德修斯要回到遥远的家乡,面对望不到边的爱琴海,他造了一艘船,在穿越女妖海域时还把自己用锁链绑在桅杆上。人们被不确定性所包围,要战胜不确定性,只能用理性打造一艘小小的航船,去渡过浩瀚无垠又暗流涌动的大海,用锁链锁住"悬崖恐惧",用锁链约束住冲动的心,用限制去获得自由,用确定去战胜不确定。

我们欣赏那些美丽的画,为什么会感觉那么美,其中的一个原因是有画框。达·芬奇的《蒙娜丽莎》原作尺寸是纵77厘米、横53厘米。我在卢浮宫看到过原作，真的不大。这幅世界名画有很高的待遇，卢浮宫专门设了一个以它为主的展厅来展示，每天这个展厅里都是人挤人，要想看得仔细，要很耐心地慢慢挪到前面去。为什么有这么多人去看？据说能看到无限，能看出蒙娜丽莎的微笑，也能看到她的些许烦恼，还有一丝恐惧和愤怒。当你直视她的嘴巴时，会觉得她似乎没有笑，然而当你直视她的眼睛时，又感觉她在微笑。她背后的背景有道路、河流、山峦，仿佛能延伸到天边。达·芬奇用无界渐变着色的技法把背景和蒙娜丽莎的微笑融为一体，散发着梦幻、神秘和无限的气息。这是画家表现无限的办法，他把无限大的天地、世界无数的变化、人物此时内心难以言说的复杂情绪和冲动，呈现在有限的画框之内。因为有了画框的限制，人们体会到超视距的奇妙感受，反而增加了我们内心的自由度。

一幅画，方寸乾坤，云深不知处。在这个小画框里，需要去协调无限世界的许多矛盾，比如范围、结构、主次、轻重、色调、节奏等众多要素的权衡、取舍。这些看似繁复、矛盾的诉求，却能有机地、和谐地结合在一起。这是画家把所有的限制条件化作了创作的支点和抓手，只要善加利用就促成了自由。

安心投资策略的目标是追求在保本的前提下获得满意收益，在永不出局的情况下穿越熊牛，实现几十年整体收益最大化，而不是每次投资都追求收益最大化。能这样理性地设定务实、合理的收益目标，能用普通人可以做得到的方法作为策略，就是用合理的限制去克服内、外无穷的不确定性。每个人自己的优点和弱点都是自己的支点和抓手，有了支点和抓手就有了自己的范围。自我据此施加的外部约束，实际上更能增加我们的自由度，因为它能使我们从自己的弱点中解脱出来。就像把自己用锁链绑在桅杆上的奥德修斯，人从而自由了。

这个策略意在限制我们天马行空的欲望，同时限制我们去尝试不适合自己的投资方法。贪婪是人的本性，许多人都想一夜暴富，甚至成为世界首富。但现实是做不到，而不是不想做。我们首先要承认自己是普通的正常人，没有超能力去预测未来。不预测，就是对市场、标的，还有对自己的判断力和心态、情绪都不预测。能预测就是料事如神，是默认自己是神一般的先知，同时默认自己的心是石头做的、没有情绪变化、没有"存在的焦虑"。安心投资策略就是为了避开这两大陷阱。芸芸众生还是不要去挑战自己的认知边界和内心未知的波澜，时时起伏变化的念头、情绪绵延往复，飞扬的激情难以抑制。面对市场的剧烈波动牵动着自己资产的飞速涨落，更放大了内心情绪的汹涌澎湃。兴奋、恐惧、贪婪都很可能在一瞬间让人心理崩溃，因为谁也不是超人，也没有石头一般的心。安心投资就是要时刻给自己的内心一个退路，潜意识里有了退路，就有了安全感。

所以，只能用理性对抗深邃的意志。人的意志和欲望是人类发展的动力，也是人类根本的痛苦。面对变化无穷的世界和永不满足的灵魂，只有理性和永恒可以去对抗。叔本华是最坦诚的哲学家，他绕过了柏拉图到康德之间历代哲学家伟大的理性光辉，指出了哲学背后的阴影，揭开了人类心灵的一个秘密，就是在人类理性背后的人类本能，在人类思想背后的人类欲望，并且告诉我们欲望是哲学里不证自明的公理。叔本华使哲学大船转向，从形而上转向人世间，从高大上转向接地气，去面对赤裸的现实。他的意志哲学开辟了哲学讨论的新视野，直指人性中隐秘的、不为人知的欲望和本能，也指出了人性的弱点。

英国古典主义画家德拉波的油画《奥德修斯与塞壬》，题材源于《荷马史诗》的《奥德赛》。在特洛伊战争中,策划以木马攻破特洛伊城的英雄国王奥德修斯,胜利后他率领部下驾驶航船返回家乡。他早就听说海妖塞壬的歌声极其美妙动人,是常人无法媲美的,关键是极具魔力的歌声会使人走火入魔地驾船直撞礁石而落海。在途经必经之路海妖塞壬岛之前,奥德修斯提前采取了预防措施,他让所有部下和水手都用蜡密封了耳朵。但他自己想听听海妖的声音到底有多美,于是没有封自己的耳朵,而是让同伴们把自己牢牢地绑在桅杆上,并且告诉他们千万不要在中途给他松绑,而且假如他越想挣脱时,他们越要再次把他绑紧。

果然,船接近那片海域时,美妙的歌声由远而近传来。奥德修斯看到几个美女翩翩而来,攀在船舷上动情地歌唱。由于他们知道海妖的恐怖,画作里所有的水手都只顾奋力划桨,不为所动。但奥德修斯听到那歌声如梦似幻、直达永恒,远超莺歌燕啼,他瞬间陶醉,不知今夕何夕,心中燃起熊熊烈火。这时,他已经完全不是他了,他已经不是那个意志坚定的英雄了。他急切地奔向她们,大声呼喊同伴为他松绑。但同伴根本听不到他在说什么,他们仍然在风高浪急中拼命划桨。有一个同伴看到他在挣脱绳索,知道他此刻正在遭受诱惑的煎熬,于是跑上去把他绑得更紧。就这样，他们顺利地通过了这片危险的海域。

奥德修斯是明智的，他这样做不是害怕塞壬，而是害怕自己控制不住对塞壬歌声的反应。他不是不相信自己的判断，而是不相信自己能控制住情绪。他深知海妖的可怕，但是人性的弱点就是在极端的时候会不受自己控制。是绳索和蜡救了他们。

三、看透复杂是能力，选择简单是境界

"天下惟忘机可以消众机"，此处所谓"忘机"就是用简单应对复杂。用简单避免复杂的出现，用简单化解复杂于无形。这句话出自曾国藩给他的挚友胡林翼的一封私人信件，是坦诚之语。这个"忘"字用得很妙，他不是不知道外界和他人甚至自己的复杂，而是选择忽略。

这里的简单不是"傻白甜"，简单是历经沧桑后醍醐灌顶的新境界。我们前面探讨了很多投资过程中遇到的各种复杂性，我们没有能力去穷尽股票市场的复杂，也不能完全穷尽和控制自己的内心。这些复杂混合、弥

漫在人们的意识里，在某些时候很令人困惑、不理解，产生荒诞感。荒诞感产生于无法理解和控制。面对康德这两团迷雾，我们不能穷尽它，但是可以通过经历、学习、研究看透它，它确实存在着某种荒诞的客观性。

能够区分哪些是可以掌控的、哪些是不能掌控的荒诞与虚无，需要经历充分探索的过程。如果只是听消息、跟风操作这样的拿来主义，没有长期地、深入地研究股市，没有用心地去经历、感悟，就看不透纷纷扰扰的市场，正是"纸上得来终觉浅，绝知此事要躬行"。禅宗大师青原惟信，将人生分为三重境界：未参禅时，见山是山；及至后来，见山不是山；而今，见山只是山。幼儿园的孩子看山是山，当他成年有了阅历后，他多次走进山里，可能看山不是山了。他看到的是石头、草树、小径、上山的劳累和山顶的景色等杂乱无章的许多侧面。他看到了复杂性，也因此而陷入迷茫。当他经历过了，翻过山去，感悟到了，提升境界之后，回望那座山，他看到的还是山，只是那已经不是他儿时所见到的山了。

安心投资策略是在看透了内外部的复杂性之后，选择了简单的应对策略。用简单应对复杂，用忘机消解众机，用策略应付荒诞。敢于正视人在能力和人性上存在局限性，经过不知道多少挫折之后，才得到这样的认知，并且找到一个简单易行、不需要纠结的投资策略。人性的贪婪、恐惧是客观存在的，然而主导社会百年、流行至今的传统经济学，直接就假设市场中的人是理性人，对人性的复杂视而不见；而有的投资策略虽然承认人性弱点的存在，只是在面对股市沉浮时，用鸡汤口诀"不要贪婪"或者"不要恐惧"去敷衍问题，其实是在蒙骗自己。这些策略的前提，要么认为市场中都是理性人，全都是按理性计算、操作的人，要么是没有经过和看透复杂的过程，直接偷懒得出结论，像鸡汤文一样只有慷慨激昂，没有严密的逻辑本质。

看透复杂是为了得到前置的知识，得到投资的智慧。选择简单策略是提升境界后，抓大放小、去繁就简。在新的维度上看清本质、举重若轻。人生是多元目标，不只是赚钱，不能去做投资奴。

每个人身上都会同时存在冷静的判断和涌动的欲望，只是比重不同。当人能达到适于自己的那个比重平衡点，也就是他自己的心绪均衡水平时，他或许会在某一时刻观察到心灵活动的规律，产生一种觉醒的意识，意识到无论就此终止还是继续追求，终究有选择的余地，有退路，就在这样的时刻，自由产生了。王维和李商隐的诗都很感人，都很美，但是他们的世界观和人生哲学有所不同。李商隐是用人格和意志的力量去追寻无限的理想，他把偶然、不可控视为对生命的错失、威胁和悔恨。"春蚕到死丝方尽，蜡炬成灰泪始干"，义山诗中执着、奋斗、悔恨的比重远超追求本身。可赞的是当心灵的渴望超出理性时，那种义无反顾、飞蛾扑火式的行动，蕴含着人类精神中最高贵的光辉。但人经过少年轻狂、执着之后，成熟之年假如仍然无反思地置身于无尽追寻的热忱中，很可能会遭受沮丧甚至悔恨。如果一个投资者看好一只潜力股，认为能涨10倍，买入、持有后日日盼涨，"荷叶生时春恨生"；假如没有达到目标价位就是世界不公，在执着中"荷叶枯时秋恨成"，之后会陷入无尽的悔恨之中，怨恨市场无理，悔恨自己当初的选择，"嫦娥应悔偷灵药，碧海青天夜夜心"。

真正的理想，是自由心灵结出的果实。人必须首先具备对自由的体验，这是真正理想产生前应有的那个阶段。正如王维诗歌中那种心灵自由的淡然，才能做出自我真心的决定，而不是出于欲望的推搡，或者出于从众的附和。这可能是因为王维二十一岁就中状元，并且悟性较高，在步入中年以前就看尽人间落寞与繁华。他和众多终生怀才不遇的人不同，他们渴望的终点不过是王维的起点。他拥有别人渴望的一切，然后一点一点地失去。他的心路历程其实更为丰富，他中年时寄情山水、辋川散淡，悟到的境界也许更高。如果王维投资证券的话，他大概会赞同安心投资法。他买入和持有标的期间，会是"人闲桂花落，夜静春山空""远看山有色，近听水无声。春去花还在，人来鸟不惊"。在卖出的时候，不管是赚几倍还是只赚一点儿，抑或是亏损，都是策略当初预料到的事，他的状态应该是"行到水穷处，坐看云起时"。在人的意志失效的时候，不去强迫自己的意志去做办不到的事情，顺其自然转化对立面，获得心灵的自由。

王维通过觉悟认识到追求的虚幻性，从而放下我执。他人到中年时，一部分理想已经实现，追求不再迫切，便会自我开解。学会接受偶然和不确定性，这样才会收放自如和理智豁达。安心投资策略是王维方式，而不是李商隐方式。

对于承担投资风险的逻辑，可以通过一个极端的著名案例进行思考。假如一群人在玩俄罗斯轮盘赌，获胜的奖金是100万元。每6个人中有5个可以获胜，因为左轮手枪一共有6个弹仓，赌博时只放一颗子弹。虽然胜率有83.33%，奖金也很高，但这极端的风险却性命攸关。这是不可承担的风险，绝对不应该去做。在股市中赌博式的追涨杀跌，特别在极度自信的情况下融资加杠杆，就存在爆仓的极端风险，也属于不可承担的风险。

《孙子兵法》云："不战而屈人之兵。"真正的王者之师，大军出征，不战而胜。安心投资法所承担的风险，属于可以承受的风险。不必去拼命搏杀，只是依律行事即可，从容优雅。智者赢在策略，而非肉搏。所谓王者之师，有征无战。

修昔底德说过，"幸福的秘密是自由，自由的秘密是勇气"。有勇气不从众，做适合自己的投资，过适合自己的生活。

第六章
可转债与穿越熊牛

可转债是持有人可以按照既定的条件和价格，将债券转换成该公司股票（即正股）的债券，全称可转换公司债券，简称转债。

公司上市的主要目的是融资，上市以后还会不断地出现再融资需求。再融资主要有增发、配股、发行可转债等方式。增发就是公司股票再次增加发行，以募集更多的资本金。可转债融资的实质也是变相增发股票，目的是借债不还，核心是转股权。

可转债品种的设计原理，决定了可转债的内部结构具有收益与风险、上涨与下跌的不对称性，而且是对投资者有利的不对称性，用塔勒布的话说就是具有天然的反脆弱性。从本质上看，目前我国可转债所具有的"下有保底，上不封顶"特性，让普通投资者内心始终感觉到是有退路、有安全感的。可转债是符合安心投资策略要求的合适品种。可转债的上述特性可以用一个形象的公式表达：

转债价值 = 纯债价值 + 转股看涨期权 + 回售看涨期

权+下修看涨期权+赎回看涨期权（见图6-1）

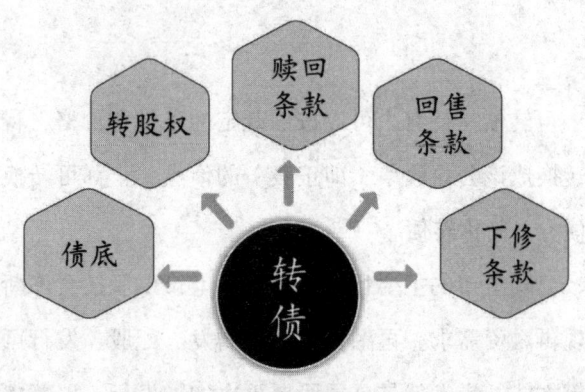

图6-1 可转债价值构成

对于股票来讲，大的波动率意味着风险；对于期权来说，高波动率意味着价值。这个公式再形象一点比喻的话就是——一辆坦克附加了四个航空发动机，在满足强制赎回条件时就变成了飞机。可以理解为：如果遇到牛市，转股期权可以开足马力，实现公司增发成功和投资者取得高收益的双赢；如果遇到熊市，回售、下修、赎回等期权价值能至少实现保本功能，下修甚至可以在熊市达到起飞的效果。

一、可转债简史

可转债并非新生事物，早在 1874 年就出现了。当时美国一家铁路公司首次向社会发行了可转债以募集资金，期限 30 年，利率 7%。此后可转债在美国大多是一些中小企业在发行，直到 1980 年 IBM 发行了 125 亿美元的可转债，大型公司才逐步进入可转债市场。2008 年以后，美国可转债加大创新力度，衍生出多个品种，条款设置灵活、参与主体众多，满足了投融资双方的多元化需求。截至 2020 年末，美国可转债市场规模 3440 亿美元，占全球转债规模的 68%。美国转债以私募为主，赎回、回售、反稀释等条款设置复杂。2019 年和 2020 年可转债收益率在美国固定收益资产中均列第一名，是十分重要的投资品种，比较适合于机构投资者参与。经过将近一百五十年的发展，可转债已成为世界各大证券市场的重要组成部分。

新中国股市建立于 1990 年，1992 年发行了第一只可转债——宝安转债，可谓资深品种。我们简单回顾一下历史，可以看到历史的曲折和方向，可以看到每一步的前行都是探索和艰辛，可以看到从只有一台发动机到现在的五台发动机是多么来之不易，如此利器，且行且珍惜。

1. 初创时代：单一发动机

1992年诞生的第一只可转债宝安转债发行，正处于改革开放初期的激情岁月，是《繁花》盛开的季节。当时市场资金需求大，市场利率较高，3年期定期存款利率是8.28%，深宝安以3%的年利率成功发行5亿可转债，可见市场是多么期待它的期权效应。然而由于市场处于熊市，只有一只附加发动机——转股看涨期权的宝安转债，最后到期赎回。还本付息，上市公司吃了一半的改革红利——低息借债，而没有吃到另一半红利——借债不还。这也许和当时初创期产品设计和发行规则的不完善有关，当时还没有下修条款、回售条款和强制赎回条款，也就是说这三个动力强劲的发动机还没有装上。

经过六年的沉寂后，1998年市场迎来了三只非上市公司转债，即吴江丝绸、南宁化工、茂名炼化，作为"先发债后上市"的试点开始发行、交易。由于有股票上市预期，100元面值的转债价格很多时候都在200元以上运行，前两家正股后来都顺利上市，所以皆大欢喜。但茂名炼化正股却上市失败，最后以115元回售，引起市场投资者不满，最终使得"先发债后上市"发行模式告终。

经过这样的不断探索、试错,市场坚定了"先上市后发债"的模式。

2. 成长年代:四个发动机

真正奠定后来可转债经典条款蓝本的是 2000 年发行上市的机场转债,正股是大蓝筹上海机场,市场影响巨大。经过十年磨砺,规则、产品设计在不断学习实践中与时俱进。在机场转债的发行公告中增加了下修条款、回售条款和强制赎回条款,这样就大大增强了转债的保护性和进攻性。为这辆驰骋在充满硝烟的战场上的坦克,加装了四台动力强劲的备用发动机(四个期权),让这辆原本防御良好但略显缓慢笨重的战车,在枪林弹雨中不但能刀枪不入,还能利用不同发动机的特性努力前行,无论在堑壕纵横的战场、开阔平坦的大路、丛林密布的旷野还是在泥泞的沼泽,都有条件勇往直前,很大程度上可以帮助它冲向跑道,变成飞机起飞。后面我们会介绍每个发动机的作用方法。

机场转债的具体创新贡献:

设置强赎条款——对发行人给予保护和激励,也称提前赎回条款。规定在发行六个月后就可以行使强赎权利,无须再像宝安转债一样要等到生命周期末尾阶段。

同时规定了 30/40、130% 的设置（在连续 40 个交易日中，至少 30 个交易日正股价格达到转股价的 130% 以上）。即当正股股价出现一定程度的阶段性上行之后，发行人有权执行赎回条款，促使投资者大规模转股。发行人提前结束转债，上市公司达到增发股票的目的，免除了后续的还款付息压力，获得了宝贵的股本资金，投资者也取得了很大的回报，实现双赢。

设置了回售条款——机场转债设置了与赎回条款相对应的投资者保护条款。投资者有权在回售日（2004 年 8 月 25 日）向公司回售全部或部分机场转债，每张回售价格为 107.18 元。虽然规定较为简单，但对投资者的保护意识明显增强。

设置了下修条款——当前的下修条款雏形已具备。如降低后的转股价格不得低于每股净资产和股票面值；如果一个月公司股价算术平均值不高于当时转股价的 80% 时，公司有权下调转股价；等等。

3. 发展新时代：走向成熟

上市公司股权再融资主要有三个方式——增发股票、配股、可转债转股。原来前两个是主流，可转债是小弟。2017 年情况发生了变化，这一年证监会发布了规范上市公司再融资的新规定。增发股票条件提高，受到一定程度的限制，于是可转债融资逐步受到监管部门的鼓励和企业的青睐。不久又改革了可转债的申购方式，从原来的资金申购改为信用申购。投资者申购时无须预缴申购资金，待确认获得配售后，再按实际获配金额缴款。解决了在申购时大规模冻结资金的问题，极大地提高了发行效率和市场参与度。从此，可转债从小众走向大众。

从2016年到2020年可转债每年的发行总额便可清晰地看出规模的大幅增长，这四年依次是226亿元、602亿元、1071亿元、2478亿元（见图6-2）。

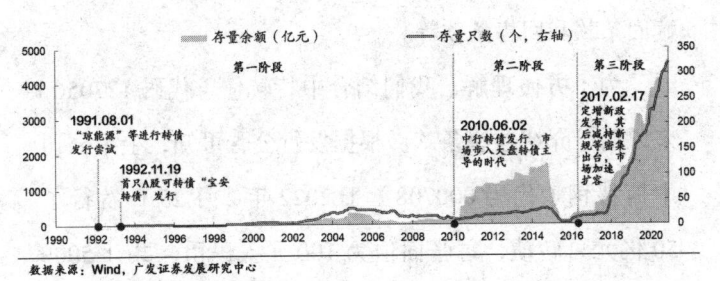

数据来源：Wind，广发证券发展研究中心

图6-2 我国转债市场的发展历程的三个主要阶段

根据广发证券对国内最近二十年可转债发展数据统计，从2000年到2021年4月一共有247只可转债退出，其中有218只以强制赎回方式退出，占88.3%；有

25只以到期赎回方式退出,占10.1%;有4只以回售方式退出,占1.6%。将这些转债的存续期进行统计,有57%的可转债在2年内退出。全部转债的存续期中位数为1.6年,平均存续期为2.2年。

二、可转债的基本条款

可转债发行公告通常会包含的基本内容有票面利率、面值、规模、期限、转股价格、转股比例、下修条款、赎回条款和回售条款等。

为了方便理解,我们结合中特转债(代码127056)来说明、介绍这些条款。根据发行公告可知,上市公司中信特钢(代码000708)于2022年2月25日发行了50亿元可转债,每张面值为100元人民币,共计5000万张,按面值发行,期限6年,到期赎回价为106元(含最后一年利息),初始转股价为25元/股。

第一,基本概念条款

1. 票面利率: 第一年0.2%,第二年0.4%,第三年0.9%,第四年1.3%,第五年1.6%,第六年2.0%。

因为根据有关规定，可转债的票面利率不超过银行同期存款利率水平，所以票面利率是比较低的。当然这也是发行人喜闻乐见的，因为这样公司的财务成本会降低。同时投资人之所以也愿意接受这样的低利率，是因为他们多数不是冲着利率去的，而是可转债附带的转股期权价值。

按照公式可以计算出：到期价值 = 到期赎回价 + 票面利息之和 =106+（0.2%+0.4%+0.9%+1.3%+1.6%）=110.4元

注意这里106元中包含了最后一年2%的利息，如果是个人投资者还要缴纳利息额总和20%的所得税。

2. 可转债的期限：根据规定，可转债的期限最短为1年，最长为6年，目前市场上大部分可转债的期限都是5~6年，发行人觉得既然是低息借款，那就多借几年。投资人也喜欢期限长一些的，因为期权价值会更高。

3. 转股期：根据有关规定，可转债自发行结束之日起6个月后方可转换为公司股票。市场中的可转债转股期都是在发行之日起6个月后，在6个月内投资者无法将手中的可转债转换为对应的股票。

4. 回售期：大部分可转债都有回售条款，这是个对投资者有利的条款,后面会阐述其作用机理。一般回售条款包含两种情况。

一种叫作有条件回售条款——可转债在最后两个计息年度,如果公司股票在任何连续30个交易日的收盘价低于当期转股价的70%,可转债持有人有权将其全部或者部分按面值加上当期应计利息的价格回售给公司。最后两个计息年度可转债持有人在每年回售条件首次满足后可行使回售权一次,超过回售申报期则不能再行使回售权。

另一种叫作附加回售条款——若公司发行的可转债募集资金投资项目的实施情况与公司债募集说明书中的承诺情况相比出现重大变化,持有人享有一次回售的权利。

纯债价值,也称为转债底价(即债底),是将转债未来各期的现金流,根据同期限同评级的企业债券到期收益率进行贴现,计算每期现金流的现值,并将各期贴现值相加,即得到当前时点的转债纯债价值。此时不考虑转债的提前赎回、回售、下修、转股等其他因素,只把他当作一只普通的企业债所对应的价值。

纯债溢价率:指转债价格高于纯债价值的比例。

纯债溢价率=(转债价格/纯债价值-1)×100%

很明显,纯债溢价率越低,就是转债越便宜,说明转债价越接近债底,这时债底的保护就越强,下跌的空间已经很小(除非债券违约)。这就是转债下有保底的底。

第二,期权价值条款

1. 转股价格

就是以什么价格转换成股票。中特转债的初始转股价为25元/股,当转股溢价率接近于0时,转债价格通常会与股价同步,这时就是这辆刀枪不入的坦克开到了机场的跑道上,只要用力加油推高股价,转债就会起飞。

如果站在投资者角度当然是转股价越低越好,比如现在股价是10元,转股价如果设定在8元,就等于打八折买入股票,那当然高兴了。但是公司不会这么做。公司想卖高一点,比如把转股价定在12元,就是让投资者用12元买现在只值10元的股票,可这样投资人又觉得不公平,不会买账。因此监管部门规定:"转股价不低于可转债募集说明书公告前20个交易日股票交易均价和前一交易日公司股票交易均价。"也就是尽量接近于股票近期的合理价格,双方尽量做到公平交易,谁也不吃亏。而且转股期的设定在这里就显示出其目的了,在发行后6个月内不能转股,这样就尽量避免了可转债的短期投机行为,冲击正股价格。在可转债发行公告里设定的转股价称为初始转股价;在发行之后,因送红股、转增新股或配股、派息等情况(不包含因可转债转股增加的股本)使发行人股份发生变化时,将相应对转股价进行调整,转股价会逐步降低。

可转债价值 = 纯债价值 + 转股看涨期权 + 回售看涨期权 + 下修看涨期权 + 赎回看涨期权

我们从这个可转债价值公式中可以清晰地看到可转债价值的构成,其中第二项转股看涨期权就是指当正股价格上涨时,股价的变动会同向传导到转债价格上(转股溢价率越低效果越明显)(见图6-3),转股价就是转

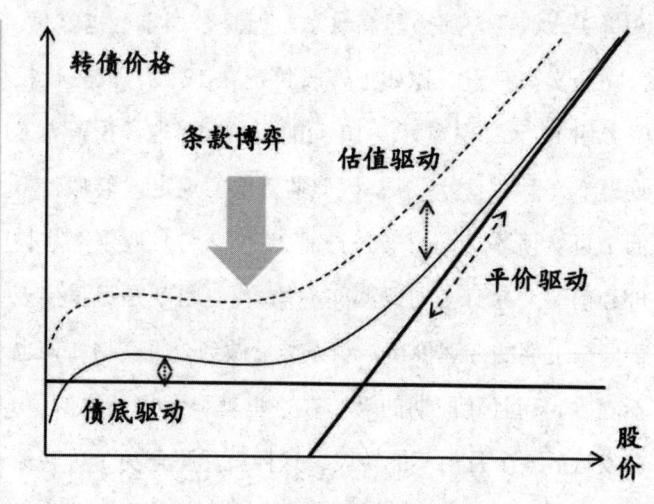

图6-3 可转债回报驱动因素

股看涨期权的行权价。

转股比例：是以转股价计算出来的用100元面值的可转债能转换成多少股票。例如，中特转债在进入转股期之后某一天的转股价为每股22.94元，用100元面值除以22.94元，得到约4.36股，即每张可转债可以换成4.36股其正股中信特钢股票（代码600197）。当然后续如果转股价按规则向下调整，相应的转股比例会上升，投资人会得到更多的股票。

转股价值：又称为转换价值或者转债平价，是指当前时点每100元转债转换成股票时的价值。以中特转债上市当年某日正股价格为11.3元数据为例：

转股价值=100÷转股价×当前正股价=100÷22.94×11.3=49.26元

当日的中特转债价格为108元，则转股溢价率=(108-49.26)÷49.26×100%=119.24%

转股溢价率指转债当前市价高于转债的转股价值的比率。

当转股溢价率越低时，说明转债价格和转股价值越接近，这时反映在转债与正股的价格联动性很强，同涨同跌，就是转债的股性越来越强。转股溢价率越高时，说明正股价远低于转股价,这时转股很不划算,是亏损的。这时正常人是不会转股的,转债价和股价的联动性较弱,债性增强。上面的例子说明,如果按108元买入了一张可转债,然后转股,仅能得到相当于49.26元市值的股票,多付出了119.24%的溢价,显然是不合算的。

2. 回售条款

回售条款是投资者的权利而非义务,如果转债满足了回售条件,那么上市公司就必须进行回售。主动权在投资者手中,这是转债对投资者最贴心的保护。

例如一些典型的回售条款表述是这样的:"在本可转债的最后2个计息年度,如果公司股票收盘价连续30个交易日低于当期转股价的70%,可转债持有人有权将其持有的可转债全部或部分按面值的103%(含当期应计利息)回售给公司。"通常把这样的条款简易表述为"30/70%/103%",便于记忆。即便是在股价长期低迷,似乎要沉入茫茫大海不知尽头时,你拥有一艘救生艇,在触发救生艇发动机开关后,便能够轻松回到岸上——提前保本无忧。

另一种触发回售的类型是,公司在发行了可转债之后,改变了当初发行时承诺的募集资金用途,这时同样要进行回售,给投资者一个保本退出的机会,比如蓝标转债。就是公司当初跟投资者借钱时所说的用途改变了,投资者可以马上收回本息,不和它玩了,同样保本没问题。当然这是投资者的权利,如果投资者觉得公司改变的新用途更有利于公司发展,可以继续持有转债,不行使回购权,把钱继续借给它用。

其实真正触发回售阈值的转债并不多,因为被回售意味着公司融资失败且对公司的现金流有冲击,不为发行人乐见。那么,假如在临近触发回售阈值,公司可以利用下修条款来提升平价水平,从而带动转债价格提升到回售价以上,就化解了回售的压力。回售条款和下修条款的结合使用,是产品设计者智慧的体现,智慧带来信心,智慧带来稳定。

3. 下修条款

假如股价"跌跌不休",这辆转债坦克深陷低估泥潭怎么办?投资者着急,比投资者更着急的是上市公司。因为慢慢熊市,企业贷款不容易,发债更难,如果面临回售或赎回更是雪上加霜。因此回售条款是对投资者最大的保护,迫于回售压力,上市公司在无法提升股价的情况下,会想方设法降低转股价,从而提高转股价值来远离回售线。这时可转债的另一个神奇秘密武器,下修条款可以选择点火启动,轻松跃出泥潭,勇往直前。

下修条款的全称是"转股价向下修正条款",指发行人在既定条件下,拥有向下修正转股价的权利。典型的下修条款表述:"当公司股票在任意连续30个交易日中至少有15个交易日的收盘价低于当期转股价80%时,董事会有权提出转股价格向下修正方案并提交本公司股东大会表决。"通常把这样的条款简单表述为"30/15/80%"三个阈值。一旦转债成功下修转股价,转债平价将向面值回归,给转债带来"推倒重来"的机会。需要注意的是,这是公司董事会和股东大会的权利,而非义务。即使满足了下修条件,出于各种考虑,公司也不一定提出或通过下修。

转股价下修条款比回售条款更容易触及,这是条款设计的精妙之处。这使得上市公司有更多的工具去摆脱回售压力和促成转股,以实现发行转债的初衷,同时也达到投资者的收益目的。2006年《证券发行管理办法》颁布之前只需要董事会决议即可,颁布之后下修需要经过股东大会表决方可通过。这样会出现发行人、投资者、大股东和其他股东之间的博弈,为下修增添不确定性。

民生、唐钢、蓝思等转债曾有被股东大会否决的先例。

成功下调转股价意味着股价和转股价之间的差距会大幅缩小，只要一个一般性的反弹，股价就有可能超过转股价，这时投资者转股就会有利可图。这其实就是可转债附带的下修看涨期权从虚值期权（转股会亏损）变成实值期权（转股会盈利）的过程。随着越来越多的投资者选择转股，从债主变成股东，上市公司就不用还钱了。所以下修条款是个颇受市场欢迎的条款，一旦成功下修，可转债价格大多会应声上涨。

4. 强制赎回条款

曾经有可转债投资者这样描述看到上市公司发布强赎公告时的心情："强制赎回的公告，是胜利的号角，是节日的礼花，是整部进行曲的最高潮。"此话不虚，公告强赎其实是实现双赢皆大欢喜的时刻。转债初始持有人至少赚到了30%的利润；上市公司成功地达到了"借钱不还"的目的，把所有债主变成了自己的股东。

那么，为什么叫作强制赎回？是因为可转债赎回有两种形式。一种是到期赎回，也就是到期兑付，2023年以前到期赎回的案例十分少见，最近两年由于部分正股走弱，到期兑付情况有所增加。另一种是强制赎回，也称提前赎回、有条件赎回，是当股价高于转股价的130%后，请投资者快点转股。投资者已经赚了至少30%的利润了，发行人督促投资者快点完成转股，否则条款规定在一定期限后，公司可以按面值加利息的价格强制赎回，过时不候。这样发行人也就彻底完成了本次"借钱不还"的融资行动。这就是强制赎回的"强制"名称的由来，强赎条款是发行人促成投资人转股的约束性条款。

典型的强制赎回条款是："在转股期内，如果公司股价在任何连续30个交易日中至少15个交易日的收盘价，不低于当期转股价的130%，公司有权决定按照转债面值加当期应计利息赎回全部或部分未转股的可转债。"赎回触发后，发行人会有公告提示并给出2~3周不等的交易时间，供投资者卖出或者转股。

也有发行人在触发强赎条款后，发出不强制赎回公告，而且这样的上市公司还不少。这背后原因有很多，主要是发行人觉得自己的股权比较值钱，以目前的转股价出让股权心有不甘，想等等再说。不过，这也显示了上市公司对自己股价强烈的信心，同时说明它目前不缺钱，资金压力小。其实这对投资者更有利，想兑现利润落袋为安可以，想继续持有跟随股价上涨享受更大利润也可以。

三、可转债的安心投资策略

安心投资策略是追求在保本的前提下获得满意收益的证券投资方法，风险收益的有利不对称性是其主要特征，因此能够安心地交易和持有投资标的而取得预期的收益。本策略在应用于可转债投资时应该是比较适合的。从前面对可转债的介绍看，"下有保底，上不封顶"就是投资者的有利不对称性。

可转债是高胜率加高赔率的投资品种。截至2024年中期，曾经上市交易过的可转债违约率不超过1%，即投资转债的胜率为99%。我们在选择标的时如果把标准定得高一些，剔除掉资质平庸、竞争力较弱的转债，全部选择优质转债构建自己的投资组合，这样的话，投资可转债的胜率会更高。我们在上一章里测算过，通常情况下，可转债在进入强制赎回阶段后，其二级市场差价收益一般在30元到100元。遇到大牛市的时候可能还会出现更高的价差。我们按保守估算，可转债的赔率大概是30左右，也是比较高的赔率了。

1. 分批买入、卖出和构建投资组合

任何投资的具体操作都是买入、持有、卖出三个

环节。可转债安心投资法在买入环节的原则是：在面值附近分批建仓。首先设置买入价格的天花板，建议以不高于到期价值为限。自己绝不高于这个价格买入，这样就保证了不会亏损。在实战中，未来价格是未知的，因此可以分批建仓。知道了买入价的天花板（到期价值），余下的操作就是在天花板以下，根据自己的实际情况分期、分批、分阶梯地耐心买入。前面我们计算过中特转债的到期价值是110.4元，那么在110.4元以下分批买入。

构建投资组合是一件十分个性化的事情，根据投资者自己的投资经验、投入金额以及性格的不同，设计出符合自己情况的转债组合。需要强调的是，无论构建怎样的组合都要遵循优质和分散的大原则。

现在市场有超过500只转债在交易，有很大的选择余地。其正股有绩优股、蓝筹股、科技股等，投资者可以按自己的偏好去选择对应的转债，构建自己的投资组合。具体仓位设置可以按照凯利公式进行科学计算得出，一般来说为简单起见，也可以自己针对个人的资金量大小、投资风格等因素，自己设定一共要买入几只，比如设定一共购买10只。这样每只仓位占总资金仓位的10%，实现分散投资，可以更有效地防范风险。

如果所持有的转债进入强赎（强制赎回）阶段了，转债价格已经超过130元，甚至达到140元、150元以上时，要考虑卖出问题了。这是比买入阶段更难以把握的时候，因为这时候转股溢价率很低了，转债价和正股价同步运行，转债价格波动和正股价格完全同步，瞬息万变，波动性加强了。假如150元就全部卖出了，后来发现涨到200元了，可能会后悔卖早了。但也有可能价格在最高冲到150元就掉头向下，甚至重新回到130元以下，那么假如没有卖出过，又似乎错过了一次赚取差价的机会。这些情况在实战中很常见，反映了股市的随机性，股价的预测是难以做到的。

一个比较有效的方法是：回撤卖出法。假设当某只转债价上升到一个新高点，比如160元，然后开始下跌，那么自己可以事先确定一个卖出阈值并分几次（例如3次）卖出。假如设定这个阈值是10元，则当回撤幅度达到10元即转债价为150元时，以150元卖出一定仓位（比如1/3仓位）。以此类推如果价格持续下跌说明正股的上涨行情可能已经结束。这样即使行情结束也没有坐电梯，而是以140元的均价锁定了利润。假如这次价格波动只是一次牛市途中的震荡，转债价格后来继续上涨到更高点，那么还有 2/3 仓位可以卖在更高的价位上。

这样严格按照安心投资策略所客观设定的具体买入、卖出价格和仓位进行实战操作，可以有效解决萨特"存在的焦虑"问题。人往往会在面对无限自由时产生迷茫和恐惧，会感觉似乎坠入了无边的虚无，实际上投资者内心是需要有所依托的。当"悬崖恐惧"来袭的时候，假如那位游客系好了景区事先准备好的安全带，他就不会有坠落的恐惧，更重要的是他同时消除了担心自己可能会主动跳下去的恐惧。安心投资策略的买卖价格的客观设定就是这条"安全带"。

2. 转债的持有阶段和"结硬寨、打呆仗"

最难的其实是持有阶段，转债的持有期是未知的，需要足够的耐心。假如运气爆棚，可能买入不久就遇到大牛市了，强赎很快就发生了。也可能买入后持有一年或者两年、三年，甚至到五年、六年才了结。在这样的几年中度过，如果没有强大的哲学思想和对安心投资策略的深入体会，有可能会出现某些思想波动。

安心投资策略追求的第一个目标是保本，也就是无论如何首先要立于不败之地，第二个目标才是盈利。这和晚清中兴之臣曾国藩在与太平军的征战中采用的"结硬寨，打呆仗"战略，有异曲同工之妙。曾文正公在组建湘军之初，与太平军多次硬拼、激战均告失败，他悔恨到投水自尽，幸得被同伴从水中救回。他在屡败屡战之后大彻大悟，自己以书生领军，没有军事天赋。面对百万骁勇善战的太平军，以弱旅难以取胜。仿佛股市中的普通投资者面对强大的市场，好似沧海一粟。

曾国藩后来设计出一套行之有效的"结硬寨，打呆仗"的作战策略——湘军每与敌作战，都避免硬碰硬地直接短兵相接。而是先选择地势险要之处扎营，并且刻不容缓地马上在四周挖深壕、筑高墙，等待对方来进攻，这让善于野战的太平军几无用武之地。后来湘军渐渐强大一些，也去攻敌之城，却依然用此战法。他们每次兵临城下都不急于进攻，而是把城池团团围住，开始不停地挖深壕、筑硬寨。一圈挖好再挖一圈，几圈深沟挖好，直接让这座城市水泄不通、断草断粮。坚守数月，甚至数年，敌军不得不投降或者以饥疲之兵突围，他们可以极小的代价轻松取胜。现在的安庆、九江城外还有当年湘军所挖壕沟的痕迹。湘军就是这样一座城接着一座城地挖沟、围困，一步一步走向全面胜利。

曾国藩这六字真言，出自他在同治五年（1866）给朝廷的一份奏折:"臣不善骑马,未能身临前敌,亲自督阵。又行军过于迟钝,十余年来,但知结硬寨、打呆仗,从未用一奇谋、施一方略制敌于意计之外。"

这个战略其实是默认湘军将领不是战神,都是普通的人。自知自己不具备打"巧战"的能力,所以不去进行奇袭、迂回、穿插等运动战。因而用结硬寨模式让自己先立于不败之地,然后通过打呆仗模式与太平军拼资源消耗能力。用时间换空间,让对方最终落入自己预设的策略模型之中。

安心投资法在面值附近买入就是结硬寨;持有阶段无论时间长短,可能是几个月也可能是几年就是打呆仗;最后对手投降或者猖狂突围时就是我们卖出实现收益的时候。

四、穿越熊牛

既然投资是现代人的生活方式,那就是一项长期事业,要延续几十年。在这漫长的时期里,股市不知道要经历多少起伏,经历多少大大小小的熊牛往复。在整个投资生涯中，不爆仓、时刻守住本金是第一要义，否则就出局了。不出局是这个长期事业的前提条件。其次才是盈利，而且总收益最大化是最终目标，不要过度计较每次收益是多一点还是少一点。有人说，牛市往往是散户赔钱最多的时候，这是因为在牛市中人们往往乐观情绪蔓延，放松了风险意识。大胆地买入和持有，难以预知悄然而至的顶部。在接下来的牛转熊的暴跌中，人们最初总是心存幻想，以为这是牛市途中的一次震荡。当持续暴跌打醒人们的时候，大多数人的投资收益已经荡然无存，甚至出现大幅亏损。这样的案例比比皆是，这就要求我们具有穿越熊牛的智慧。

然而判断牛市顶部，和判断熊市底部一样困难。可以说不是普通投资者通过努力可以达到的。可转债安心投资策略不经意间还具有感知熊牛市态和熊牛转换的功能，可以自动调节仓位，从而成为穿越熊牛的利器。

可转债作为一种进可攻退可守的投资品种，按照安心投资策略进行操作，的确具有自动分析市场和调节仓位从而控制风险的能力。在熊市中，可转债和股票以及其他投资品种一起经历漫漫熊途，大量转债价格会纷纷跌到面值100元，甚至有些转债价格会跌破面值到90

多元、80多元甚至更低。这个时候安心投资策略会感知到可转债被低估，自动完成对市场的分析和判断，提醒我们按律、择优、分散、分档建仓，类似于在底部区域做不均匀的定投，这样在熊市中以100元，甚至更低的价格，不知不觉地从空仓加到了重仓。当牛市来临，不会措手不及，早已重仓以待，优雅迎接牛市。其他股票等投资品种虽然此时也落入低价区域，但因没有一个客观的评估标准，难以有效判断其低估的程度，对于是否建仓、仓位轻重难以把握。

当牛市来临时，无论是大牛市还是小牛市，可转债多数都会纷纷冲击130元。人们一般把大盘指数上涨20%以上称为牛市，其中把上涨20%到50%称为小牛市，上涨超过50%的称为大牛市。随着牛市的展开，会发现在熊市中建仓的可转债会有率先公告强制赎回的，也就是当正股价格超过转股价的130%时，上市公司公告催促投资者限期转股，以达到不还钱的目的。这时转债价格当然也在130元以上，密集的强制赎回公告就是提醒我们卖出已经盈利的转债，从而实现自动减仓降低仓位。这样一轮牛市下来，自己手中的可转债基本都会强赎，在牛市顶部时基本可以达到很低的仓位，甚至空仓。

这样就避免了外界狂热的市场氛围影响和自己判断失误导致高位套牢，甚至牛市亏损，优雅地获得收益。当然，如果投资者特别看好这家上市公司，又坚信牛市远未结束，则可以把手中的可转债转成股票，继续持有待涨。只不过这样就完全依靠个人经验去选择卖出时机了。

接下来牛转熊后，又进入了新的持币等待阶段。当转债价格又回到面值附近，策略就自动开始新的建仓周期。这样安心投资策略再一次开启穿越熊牛之旅。安心投资法如果运用得当，会显现出一种自动化、全天候策略的特性。拥有自动感知市场热度（底部和顶部）、自动风险控制（仓位管理）、自动决策机制（分批建仓和分批卖出）和自动规避情绪化交易损失的诸多功能。成功的投资者都是孤独的，保持敬畏，保持平常心，不人云亦云，坚守住自己的策略才能赢得投资的长跑。只有退潮时，你才能发现谁在裸泳。

第七章
超出认知的预测就是"赌博"

萨特、加缪等存在主义哲学家在二战时期的巴黎咖啡馆里，不停地思考和争论，世界究竟是怎么莫名其妙地就被拖入了一战和二战的泥潭。他们不明白曾经那么美好的世界，怎么就一夜之间坠入无尽的战火和苦难，而且没有人是受益者。他们感受到的只有荒诞。

一、不只是股市，社会以及战争都是复杂系统

股市是亿万投资者博弈的战场，我们知道股市是多么复杂、混沌，不具备可靠的预测性，战争的过程和结果同样不可预测。大多数投资者在实际投资过程中，都是独立操作，很少有机会能全面、详细了解众多对手盘的真实思考、决策过程。为了直观、真实、立体地展示股市或者其他博弈场合的实际决策过程。我们通过探讨一个众所周知的、发生在一百多年前的公开案例，形象地、近似地揭开今天股价走势的神秘面纱。经过全球

历史学家百年的研究以及档案解密，第一次世界大战（1914—1918）爆发前，欧洲列强决策者们一连串的博弈过程渐渐清晰。我们通过这些资料，能够多少看到一些决策者们面对复杂局势、面对敌方、面对自己、面对利益时的思考、纠结和决策过程。在我们面对电脑屏幕时，想象股市里亿万投资对手同样在和我们博弈，他们的思维过程和百年前那些战争决策者没什么两样。

马克·吐温说过，世界的问题不在于人们所知甚少，而是人们知道太多似是而非的东西。许多人从小在教育和环境的潜移默化中自然而然地形成了这样的观念，似乎凡事都是有明确因果关系和确切答案的：1+1=2；物理的各种定律；化学的各种反应公式；语文考试的标准答案；经济、政治以及历史等也充满了必然性。数学、物理、化学等自然科学的确是有明确答案的，可以用理论、公式、定理等理性逻辑去思考和判断。然而社会科学领域则遵循另外一套非线性的运行模式，不能用理性思维去简单地套用。这种思维模式的错配往往是不经意间的，或者是习惯成自然的，然而却是导致很多判断失误的根本原因。

在很多书中，对第一次世界大战爆发原因是这样阐述的：由于帝国主义国家间经济政治发展不平衡，后起帝国主义国家要求重新分割世界，三国同盟与三国协约的两大军事同盟的形成，激化了矛盾，并以萨拉热窝事件为导火索，爆发了第一次世界大战。

我们不妨回顾一下第一次世界大战前的一些历史细节，可能会发现对人类历史产生如此重大影响的历史事件，竟然充满了偶然性和超出决策者认知的东西。当时的那些决策者，有的认为战争不会爆发，有的认为即使爆发也是小规模的，有的认为假如战争真的爆发了，自己也会是受益者。其实后来一战给世界带来巨大的损失，伤亡3000多万人，经济损失3400亿美元，最初的参战国没有赢家，并且对世界格局、国家和人们的命运造成了根本的改变。雷马克的《西线无战事》、电影《1917》等作品让人们了解到一些有关一战的残酷、荒诞和给人们带来的无尽的苦难与无奈。爱因斯坦后来在观看了改编为电影的《西线无战事》后，极为动容，成为这部电影最重要的宣传者。这些史无前例的巨大破坏，当时的决策者是想不到的，他们即使都是绝顶聪明的人精，也无法事先预料得到。塔奇曼在其著作《骄傲之塔：战前世界的肖像》中这样表达："这座骄傲之塔，在欧洲文明最伟大的时代建造，它是崇高与激情的大厦，有财富、有美，也有阴暗的地窖。1914年可能带来的幻想和热情渐渐沉入了巨大的幻灭之海。付出了这样的代价，人类的主要收获便是痛苦地意识到了自身的局限。"

丘吉尔说："一战史最有意思的部分是一战的开始，因为谁都不知道，它是怎么开始的。"即使一战后一百多年的今天，我们是否搞清楚了它爆发的真实原因？可能仍然有很多人会认为原因很简单，书本里就有梳理好的答案，就像1加1等于2一样简洁明了、一目了然。这一点似乎能够说明牛顿世界观至今影响力仍然巨大，然而用决定论的认知方式去理解复杂世界的事物，常常会得到似是而非和片面的结论。股市里用静态市盈率去预测股价，是用过去的数据去预测未来，是刻舟求剑。如果用动态市盈率去预测股价，那么，未来的动态市盈率本身就是个变量，用变量去预测变量是雾里看花，更何况未来的股价绝不是一个动态市盈率可以包含的，影响它的因素千千万。

二、一战爆发前的迷雾

众所周知,一战起因的导火索是萨拉热窝事件,其本身并不足以引来一场惨烈的世界大战,只能说有一些相关性,而不是因果关系。我们无力去找到战争的全部理由,我们感兴趣的是这样一场大战,参战各方是怎样在互动中时而理性,时而非理性,以及那么多历史的和当时的复杂的因素和人内心中混乱、纠结的意志和思维,是怎样纠缠、萦绕在欧洲的上空。

我们通常在书本中能够看到的和一战爆发原因有关的是——帝国主义、民族主义、军备竞赛、国家联盟、财政问题、国家荣誉、动员机制等因素。这些分析有一定明确性,但其中仍然有很多曲解之处。因为人们会产生一种逐渐建立起来的因果思维假象,各种因素互相推挤,重重地压在事实上。政客们受到背后势力的推动力也是超出人们想象范围的。

战争的爆发是欧洲列强统治者们一系列思维和决策不断变化、不断互动、不断误解、不断积累的产物。而帝国主义、民族主义、军备竞赛、国家联盟、财政问题、国家荣誉、动员机制等因素只是被嵌入促使战争爆发的决策之中，才具有实际解释价值。

只有尽力追踪和阐述关键决策者内心底层的意识过程是如何一步一步形成自己的观点，才能知道一点这种荒诞决策的大致轨迹，才能知道一点这些决策者当时的恐惧、焦虑和对灾难的预判又是如何与自己的傲慢、狂妄相互交织的。他们是洞见了真相，还是为了向对手展现自己的无畏或者忧虑，抑或是另有不可告人的目的，也可能是由于个人的性格缺陷，而做出种种自信或者迷茫的言行？这些大佬又是如何通过互相影响、互相猜测试探和互相误解，形成了一个高度动态的决策环境，在这样的环境、氛围中，世界被裹挟着，左右摇摆，最后莫名其妙地走向了战争。这是人们复杂的意识造成的，心灵冰山永远都有巨大的部分沉于幽暗的海底，那是不受自己控制的潜意识和复杂情绪。这些列强巨头们和今天股市投资者们的内心深处，似乎或多或少都存在着浪漫主义狂飙突进冲动的潜流，并对之后形成的决策起着不可忽视的作用。

1. 多年的战争压力测试经验还管用吗

一战前的几十年正是第二次工业革命如火如荼进行时，不同于第一次工业革命只是在英国爆发，第二次工业革命是在欧美几个主要国家同时爆发，人类从此进入了"电气时代"。1866年德国人西门子制成了发电机，电器开始取代机器，电灯、电车、电影相继问世；19世纪70年代美国人贝尔发明电话；19世纪80年代奔驰汽车的创始人德国人本茨制造出了内燃机汽车；19世纪90年代意大利人马可尼发明无线电报……

欧洲一战前的几十年生产力飞速发展，经济空前繁荣，国际贸易成倍增长，社会面貌发生天翻地覆的变化，人们生活在前所未有的富足当中。虽然欧洲国家间的战争在此背景下也不时发生，比如普法战争、布尔战争、两次摩洛哥危机、两次巴尔干战争等，但都没有酿成不可控制的世界大战。

虽然当时欧洲国家间存在着大大小小无数的矛盾，由于各国间的经贸往来和外交斡旋，常常可以化解一些冲突。三皇同盟、三国同盟、三国协约，欧洲王室间很多都是亲戚关系，沟通渠道很多。实在协调不了的，就打一仗，但似乎都是在可控范围内。

老牌日不落帝国荷兰在1652年占领了南非，当18世纪英国称霸时自然心有不甘，于是断断续续进行了百年的布尔战争。1899年英国出动45万兵力远征南非，其中3万人来自加拿大、澳大利亚和新西兰，还配备了35万匹战马，耗费2.2亿英镑。战争旷日持久，双方精疲力尽，1902年双方进行谈判，布尔人屈服，英国将非洲南部的殖民地终于连成片。占领了世界最大金矿，英国得以控制全球的经济命脉，伦敦迅速成为全球金融中心和黄金交易中心。

两次摩洛哥危机是法国和德国在争夺摩洛哥时引起的战争危机。1905年到1906年发生了第一次摩洛哥危机。1904年4月英法两国签署条约，法国承认英国占领埃及，作为交换英国承认法国控制摩洛哥，但是这样的安排侵犯了德国在摩洛哥的利益。1905年2月法国宣布成为摩洛哥的保护国，德国表示抗议，3月德皇威廉二世访问丹吉尔，声称摩洛哥独立，局势顿时紧张。此时法国在英国的支持下态度十分强硬，最终通过谈判，在英国和俄国的支持下，在1906年1月商定了有利于法国的决定，承认摩洛哥独立，但法国对摩洛哥有警察控制权。这次德国的失败还造成了德国内部德皇和首相的反目。

1911年的第二次摩洛哥危机。1907年法国强行登陆摩洛哥的卡萨布兰卡等地。1911年春天摩洛哥首都菲斯爆发反法和反君主的人民起义，5月法国以保护侨民为由占领了菲斯。7月德国以保护商人为名出动军舰逼近菲斯，实行炮舰外交。这个过程中，法国外交部长频繁换人，造成了法国外交的不连续性，法国几次做出对德国的错误而危险的判断。德国内部政策同样摇摆不定，英国也是如此。这场危机差一点引发西欧的战争。不过，在英国的威胁和斡旋下，危机四伏的惊险状态总算又一次在妥协中结束。德国退让，承认法国的保护国地位，作为交换的是法国送给德国一部分法属刚果领土。

2. 巴尔干半岛的复杂局面

1911年意大利进攻奥斯曼帝国在非洲的一个省利比亚，拉开了南欧国家对奥斯曼帝国领土的又一轮投机取巧式的侵袭。经过1912年和1913年的两次巴尔干战争，奥斯曼帝国的领土不断被蚕食，这令奥匈帝国和沙皇俄国在巴尔干地区的矛盾冲突不断升级。要知道俄国对土耳其海峡的渴望是无与伦比的，上百年来孜孜以求。

俄国虽然看起来海岸线很长，但实际上基本属于内陆国家，实用的出海口是极其稀缺的资源。因为北冰洋难以航行，西边圣彼得堡出海口出去的船，需要经过复杂狭长的波罗的海众多由别国控制的海峡，行动深受影响。东边只有海参崴出海口，不仅纬度高，还要经过日本和朝鲜半岛控制的对马海峡才能出海。我在韩国釜山风光旖旎的海云台海边漫步时，经常能依稀看见50公里以外位于对马海峡中间的对马岛，可见海峡对过往船只了如指掌。因此俄国南面的黑海出海口土耳其海峡就显得极其重要了。

1911年法国占领摩洛哥的事件刺激了意大利进军利比亚的野心，意大利此时野心勃勃，一心要重获"罗马非洲"的荣光。法国、英国由于利益交换也默许，俄国以意大利支持俄国争取土耳其海峡为交换也同意此次军事行动。1911年3月意大利军队1700人用了48小时占领了的黎波里，之后几个月增兵到10万，占领了利比亚大部分地区。1912年相关方签署《洛桑条约》，奥斯曼土耳其帝国放弃利比亚。

后来有历史学者认为意大利占领利比亚是一战的肇始，因为此事件激发了巴尔干同盟四国一起去捏奥斯曼帝国这个软柿子的欲望。两次巴尔干战争后塞尔维亚所得领土最多，变得空前强大，奥斯曼帝国则基本退出了巴尔干地区。塞尔维亚的壮大引起奥匈帝国的不安。

股市中的投资者在进行大规模投资之前，会对宏观经济、市场走势和心仪的标的进行分析、研判以及试探性交易，以确定自己的盈利目标和投资策略以及建仓、加仓和减仓、兑现的时机与节奏。这个过程很类似上面我们看到的欧洲列强在一战开始之前，巨头们对欧洲局势、对手意图、预期利益进行分析、试探和博弈的过程。在此过程中，列强的这些自以为是的预期、判断以及决策的质量效果，和投资者在股市中的分析、决策有异曲同工之妙。这样就不难理解，为什么投资者往往会在买入之初是那么的雄心勃勃，而在投资结果尘埃落定之后却是或欣喜或失望和沮丧。

3. 萨拉热窝事件的戏剧性和偶然性

在欧洲辉煌千年的哈布斯堡王朝在一战前正统治着奥匈帝国，经济繁荣，势力强大。1878年俄土战争结束后，欧洲列强希望重新建立巴尔干半岛秩序，于是在德国著名的首相俾斯麦主持下相关各国签署《柏林条约》，将塞尔维亚、罗马尼亚、黑山、保加利亚从奥斯曼帝国独立出来，实际上成了奥匈帝国的势力范围，波黑（波斯尼亚和黑塞哥维那）更是直接划归奥匈帝国统治，统治期限为三十年。俄国在俄土战争中损失巨大，其意在获取黑海通往地中海唯一出口博斯普鲁斯海峡的计划却被不了了之，而负责调停的德国却让奥匈帝国坐收渔人之利。

三十年弹指一挥间，到了1908年，奥匈帝国对波黑的统治期满，吃到嘴里的肉实在不愿意吐出来，那就直接吞并了。波黑似乎觉得奥匈帝国经济强劲，并未明显反对。但近邻的塞尔维亚却十分不满，他们认为波黑有众多的塞尔维亚族，应该统一到塞尔维亚才对。其他列强多数默许，但俄国却极为恼怒，因为这三十年里它仍然没有得到梦寐以求的博斯普鲁斯海峡。奥匈帝国只字不提它以前的承诺，俄国与奥匈帝国就此反目成仇。并且由于在1905年结束的日俄战争中俄国惨败，俄国在远东的扩张情景不妙，俄国就只有巴尔干可以扩张了。

独立后的塞尔维亚日益强大，刚开始时和奥匈帝国亲近，经贸关系频繁。然而它的只要有塞尔维亚人居住的地方就是塞尔维亚的民族主义理想，与奥匈帝国对波黑的吞并有深层次的矛盾。1905年以后塞尔维亚转而与法国亲近，其军火订单随即流向了法国的施耐德公司，而过去是奥匈帝国波希米亚的斯柯达公司。以前是向奥匈帝国借款，后来其政府债务有3/4是从法国借的。借款多了，就需要以税收和铁路等资产做抵押，也就是财政被控制了，国家的部分主权被控制，因此国际贷款往往成为最重要的隐形政治事件。此时塞尔维亚经济还比较落后，国民教育缺乏，军队难免成为主角。

1908年奥匈帝国吞并波黑引起塞尔维亚国内极大的反应，各种抗议集会频发，连王子都在万人大会上发誓要挥军收复波黑，首相帕希奇也有类似言论。一年后塞尔维亚由于各种考量又声明承认奥匈帝国对波黑的主权，这令失望的民族主义者思想上变得更加激进，非官方但与官方有着千丝万缕的激进组织黑手社成立了。

1914年奥匈帝国的老皇帝约瑟夫一世已经84岁了，他的皇后就是著名的茜茜公主。他们的儿子也是皇位继承人鲁道夫继承了其美丽的母亲感性的一面，是个不爱江山爱美人的典范，殉情于名为梅耶林的狩猎小屋，史称梅耶林惨案。这样哈布斯堡王朝奥匈帝国皇储的位置，就落在了老皇帝的侄子斐迪南大公的头上，天上掉了馅饼。斐迪南大公曾经对外透露过，如果他继位，他希望将帝国所属的匈牙利扩大成为一个"南斯拉夫国"，这种激进的想法将破坏之前十几年的混沌政治局面，这个念头点燃了塞尔维亚人的敌意。

1914年6月28日斐迪南大公携夫人索菲乘坐火车，抵达已成为帝国一个省会的波斯尼亚首府萨拉热窝，进行公务视察。他大概一方面想炫耀一下帝国的武力，另一方面想给平时在维也纳宫廷无法享受到大公夫人待遇的妻子一个暂时扬眉吐气的机会。因为他与索菲有着王子与灰姑娘的故事，索菲原来只是一个落魄伯爵的女儿，没有王室血统，不符合哈布斯堡王朝联姻的规矩。在大公和老皇帝较劲长达两年后，王室无奈同意婚事，但明确规定索菲在皇宫里没有任何地位，不能和丈夫一起参加国宴等活动，就连看歌剧也不能和丈夫坐在同一个包厢。

于是，在萨拉热窝上午明媚的阳光里，斐迪南大公带着妻子兴致勃勃地坐着敞篷汽车，一路缓缓地享受着人民夹道欢迎的喜悦。然而这一切是在奥匈帝国和塞尔维亚剑拔弩张的气氛中进行的，更匪夷所思的是管理当局还把皇储夫妇车队的行驶路线事先在多家报纸上公布。殊不知，这一路共埋伏了六名刺客。

第一个刺客见大公车队开近了，扔出了炸弹，在大公的车后面爆炸，炸伤了几个随从，大公夫妇并无大碍。刺客开枪自杀，子弹却卡壳了，他马上吞了事先买来的毒药，但因是过期的劣质药物而失效，他立即跳下河，而河水太浅无法自杀，这时他被追赶过来的一个理发师和警察抓住了。大公虽然平时是个充满警惕的人，可今天他却不以为意，只查看了伤员，并命令马上把他们送往医院后，便上车继续按原路线、原计划去往市政厅。

接下来车队路过了第二个到第五个刺客的位置，这些人或因为恐惧而吓破了胆，或因为没有机会下手，都未行动。最后一个刺客普林西普又错过了加速驶过的大公汽车，他在沮丧中听说不久车队会原路返回。

斐迪南大公来到市政厅，出席市长的隆重欢迎仪式。此时大公本该结束一天的公开行程了，然而不知道他是为了耍酷还是一时兴起，坚持要去医院看望他刚才受伤的随从，于是大公车队再次出发。

在车队经过一个路口时，大公的司机发现走错路了，只好停车准备掉头。此刻，一个令人震惊的偶然性出现了！司机掉头时，恰恰停在了那个刺客——塞尔维亚籍的19岁青年普林西普面前，离他只有几米距离。他是刺杀小组的最后一名成员，也是刺杀小组组长。他抓住了千载难逢的机会，拔出手枪，瞄准停下来的汽车连开两枪，大公和夫人双双中弹身亡。刺客正要开枪自尽时，被愤怒的人们抓住。

萨拉热窝事件，这么惊人的巧合，匪夷所思地呈现在世人面前。股市里每天不知道有多少类似的偶然性出现，只是我们茫然不知。我们每天看到那些股票价格曲线的无序波动，大多是不为众多投资者所知的偶然性造成的。投资者会遇到大量的偶然性，主要原因在于市场的复杂性、信息不对称、投资者情绪、外部环境影响等因素。这些因素共同作用，使得股市短期波动带有高度随机性，投资者难以完全预测未来走势。就像萨拉热窝事件中，斐迪南大公的行车路线被提前匪夷所思地公布，原本一向行事谨慎的大公那天突然爆发的炫耀心理，司机莫名其妙的开错路……这些偶然性背后有些存在着必然，有些则是纯粹的偶然，仿佛量子莫名其妙地出现或消失。股市中，我们时常看到价格突然被拉升或打压，大家并不知道这是为什么，能做的只是进行猜测而已。然而，萨拉热窝事件本来可能只是一个历史的"短期波动"，可它后来却演绎成了一个"黑天鹅"事件，造成了历史的巨大转折。这次偶然性成了压垮骆驼的最后一根稻草，令人始料未及。欧洲王室的类似暗杀事件曾经发生多次，并未引起世界大战。另外，欧洲危机已经持续多年，普法战争、布尔战争、两次摩洛哥危机、两次巴尔干危机都没有引发世界大战。所以预测未来并非易事。

三、高贵的普通人

欧洲各大媒体大规模报道萨拉热窝事件，各国大众多数感觉气愤，但不久就归于平静，布拉格的作家卡夫卡就对此事充耳不闻，他的日记里只字未提。

所有刺客都落网了，他们不承认黑手社参与此事。塞尔维亚政府也及时发表声明，说事前对此事一无所知，并且对奥匈帝国极力表达慰问之意。可是塞尔维亚人民却满城欢呼，民间报纸、媒体大规模庆祝，极力煽动民族主义情绪。首相帕希奇本来就与奥匈帝国及其外交官们关系尴尬，这次又不情愿配合刺杀事件的调查，只是极力自我辩解。

事件发生后没几天，奥匈帝国就看出了塞尔维亚的傲慢无礼和假意逢迎，内部随即做出来对塞尔维亚动武的大致决定。总参谋长康拉德等主战派早已跃跃欲试，他们在前些年对待地区冲突时，常以开战相威胁。比如1913年9月在塞尔维亚第二次侵略阿尔巴尼亚时，奥匈帝国就用一纸战争最后通牒，成功驱逐了塞尔维亚军队，这本身也证明了更加军事化的外交方式很有效。这次他们抛出了被后世历史学家称为"国内政治首要性理论"的观点——就是对外战争可以解决帝国内部的种种问题,外交部和财政部这些原来的鸽派都转为鹰派了。

老皇帝约瑟夫一世虽然与大公夫妇关系不好,但此时还是深受刺激,首相贝希托尔德与皇帝都决心动武。这可能是由于维也纳需要一场战争,去解决令人头痛的巴尔干问题以及国内越发激烈的政治矛盾。只有帝国内部的匈牙利首相蒂萨伯爵不赞成动武,他认为并没有确凿证据证实塞尔维亚政府参与了行动。奥匈帝国的老皇帝工作很勤奋,但外交政策的决定权在政府手中。

这年7月7日奥匈帝国部长联席会议上虽有分歧,但多数认为要出兵,否则波黑会出现不稳定,而且俄国可能会因此而染指罗马尼亚的南斯拉夫地区,这样会动摇奥匈在巴尔干的统治。多数人认为最后通牒要提出极为苛刻的条件,使对方无法接受,只有战争选项。这样的底气来自7月5日奥匈特使会见德皇威廉二世,这位口无遮掩、满口大话的皇帝,其慷慨陈词给了奥匈帝国迈出战争第一步的勇气。

这里列举一个主战派核心人物总参谋长康拉德的性格实例。他妻子去世后他很痛苦,在随后1907年的一个维也纳宫廷晚宴上他偶遇了富商的夫人吉娜,并穷追不舍。吉娜答应在不离婚的状态下和他交往，其丈夫也不反对，因为可以获取大量军需品订单。在 1908 年到 1915 年间，康拉德给吉娜一共写了 3000 多封信，这些信并未发出，而是在他去世后，吉娜才知道。由此可见，他是个过度分心于个人感情，喜欢铤而走险并且不顾名誉的人。他甚至表示过会用发动战争当作赢得吉娜芳心的手段。他代表了某些欧洲男人的典型性格，脆弱、忧郁又有些过度紧张。他在这几年中一直主张对塞尔维亚动武，这次更是不遗余力。

奥匈帝国面对如此军国大事，没有全面评估大战的后果，也没有对欧洲的责任感，只是相信德国会很快击败俄国。这出乎我们今天几乎所有人的意料，我们以为他们会夜以继日、全方位地评估各方面的利害关系，冷静做出理性决策。不过，想想股市中通过听消息就重仓的事情也是比比皆是。

此时，各国的反应：

德国和罗马尼亚很同情奥匈帝国；意大利则百感交集，民众甚至有些幸灾乐祸；法国媒体并不是很重视这个新闻；英国的媒体明显支持奥匈帝国；俄国是支持塞尔维亚的，认为维也纳在诬陷塞尔维亚。

最重要的是看德国的态度。奥匈帝国霍约斯伯爵于7月5日到达柏林，德皇威廉二世和大臣们表示支持开战。之后德皇依然按惯例在次日，即7月6日到北海出航旅行长达20多天。在短短的一天内做出决定，大概出于这样几个理由：一是认为俄国不会参战，俄国是君主制国家，不会与塞尔维亚这样的弑君国家狼狈为奸；二是认为俄法同盟并不是很重视这次危机；三是德国当时并未察觉到俄首相科科夫佐夫和俄国主战派又悄悄占了上风；四是德国虽然与英国在海上有利益争端，但在开战问题上英国应该和德国保持一致。在若干年后，历史学家分析认为德国当时觉得三国同盟的军事优势已经开始下降，如果现在发动战争，还有可能胜利，留给德国的时间不多了。并且当时俄国和法国都没有战争准备的时间，因此要打就早打。然而俄国却不是如德国所认为的那样。证券市场中的投资者，在研判上市公司以及交易对手时，是不是也会有像德国人对列强的判断一样的类似心理和现象。外部世界不但是迷雾重重，还是变化的，列强和上市公司以及市场本来就是一群人在行动，在控制，在博弈，在幻化。

20世纪初，皇帝、国王有很强的号召力。欧洲盛行君主制，六大列强中只有法国是共和制，巴尔干国家也都是君主制。德国、奥匈帝国和俄国的皇权极大，军队都掌握在他们手中。君主是国家的象征，是获得和维系集体感情的纽带和桥梁。皇帝良好的形象、魅力会给本国和外国人民带来国家魅力。

谁在统治德国？相对于英国国王和俄国沙皇，德皇威廉二世狂热、专横的形象在各国人民心目中印象不佳。他虽然常对德国外交部指手画脚，但没有能力对外交政策起决定性作用。他只是鲁莽、爱说大话，当真有麻烦时，会马上逃避，在1914年危机时他就是这样的。

战前欧洲君主体系核心代表是三位表兄弟——德皇威廉二世、沙皇尼古拉二世和英王乔治五世。其中德皇和英王都是维多利亚女王的孙辈，沙皇的妻子是维多利亚女王的孙女。所以维多利亚女王"欧洲老祖母"的称号名不虚传。因此1914年的战争更像是达到顶峰的家庭矛盾。

1871年德意志帝国在法国巴黎凡尔赛宫宣布建立，我们在第一章里看到过这个情景。当时首相兼任外交部长俾斯麦就是这样一手包揽外交事务的。德国是倾向于俄国的保守主义君主制的，与英国的自由主义君主制保持着距离。威廉二世皇帝先天患有左臂残疾,对他心理造成了自卑和易怒的不良影响。他自幼受到以其祖父威廉一世皇帝为首的皇室亲俄思想熏陶,同时私下又有其来自英国王室的母亲亲英的思想。但是其母对他过于严厉的教育方式,令他很是反感,因此似乎对英国自幼就有极为复杂的感觉。1888年他继位后罢免了首相俾斯麦,换上了不太强势的首相,他曾努力和世仇法国改善关系,但未能如愿。和俄国的关系也摇摆不定,但他自认为和俄国关系不错。

随着德国经济超越英国位居欧洲第一,威廉二世皇帝自信心爆棚,逐渐改变了俾斯麦时期的外交政策。他在议会的演讲中说:"俾斯麦推行的欧洲大陆政策十分狭隘,而今天我奉行的是世界政策,柏林应该是世界都市柏林,德国的贸易应该是德国世界贸易,德国与世界的含义是一致的,因为世界各地都应体现德国政策。德国要成为世界的帝国。"议会中爆发出雷鸣般的掌声,特别是一大批工业巨头欣喜若狂,他们垂涎欲滴地注视着海外市场。1897年德国实施新海军方案,以加快海军扩张,要赶超英国海军,这引起英国的惶恐和不满。克拉克在著作《梦游者:1914年欧洲如何走向一战》中认为,德国这个后起之秀迫切地想要成为世界上说一不二的帝国，但一点儿也不知道该如何成为帝国。

1914年6月28日，威廉二世皇帝在得知好朋友斐迪南大公被刺后，极为震惊。他随即向奥匈帝国表示一定会提供支持和协助，之后按惯例他在7月6日到北海出航旅行长达20多天。7月26日奥匈帝国向塞尔维亚发出最后通牒，28日塞尔维亚在规定的48小时以内同意了大部分内容，只是委婉地拒绝了涉及主权与独立的条款。威廉二世于28日赶回柏林，认为维也纳赢得了道义的胜利，既然赢了就没有开战的理由了。他在战前的最后一刻，其实想劝谕维也纳和平解决事件。可是还没等德皇的意见到达维也纳，奥匈帝国的高官和将军们已经说服了84岁高龄的约瑟夫一世皇帝于28日向塞尔维亚宣战了。在许多年之后，人们才知道德国当初轻率地支持维也纳开战，和20天后又想和平解决，都来自德皇的矛盾和随机的意识深处。康德的两团迷雾深深地影响着威廉二世的判断，也影响着世界。

谁在统治俄国？1898年俄国租借中国的旅顺以后，其国家战略政策更偏向远东。俄皇尼古拉二世的贵族亲信别佐布拉佐夫是个大企业家，他在鸭绿江流域拥有大片森林和产业,沙皇说:"我并不想要朝鲜,但我不允许日本长期待在那里,这会成为开战的理由。"

1901年沙皇在别佐布拉佐夫集团的策动下,绕过国防部任命海军上将阿列克谢耶夫为远东总督。此人毫无外交经验,日本常被他激怒,他对1904年爆发的日俄战争负有重大责任。日俄战争前沙皇主揽一切,大臣们遭到压制。随着日俄战争的失败,俄国国内社会动荡不安,沙皇被迫进行改革,很大一部分权力转移到议会和大臣手中。但随着总理斯托雷平在1911年被社会革命党人刺杀,而继任总理比较软弱,沙皇的权力又上升了。此时的沙皇独裁与政府政治的争斗,以及党派勾结,严重损害了俄国重大政策的决策连续性。俄国逐渐形成了一个比较奇怪的体制,议会成立一个类似内阁的组织,但政府的部长们可以独立于总理直接与沙皇沟通,比较混乱。这似乎符合"权利水力学"的原理,就是君主、总理、外交部长以及大使等权力部门此消彼长的对抗关系,国家利益只是权力精英们自己内部具体利益的投射。

谁在统治巴黎?法国外交部有很大的自主权,其内部密布着不同显赫家族的血缘关系。但外交部长的权力不大,一个原因是这个部长的位置就是个走马灯,更换太频繁了。1914年开战前的一年半时间内就换了六任，平均三个月换一任。内阁不团结，党派争斗不断，某一时期某个部门或派别占了上风时就会决定当时的外交政策。

1914年7月20日，法国总统普恩加莱访问俄国，他和沙皇在"亚历山大号"上会谈，这虽是早已计划好的访问，但主题是最近的危机。沙皇执意要开战，法国强调法俄团结，法国总统提醒尼古拉二世：我们必须保持强硬。7月22日晚上俄国卫队司令尼古拉公爵宴请法国总统，公爵夫人是黑山国公主，她对总统说："您意识到了吗，我们正在经历历史性时刻！"

奥匈帝国等法国总统一离开俄国，马上于7月23日对塞尔维亚发出最后通牒。双方都觉得用虚张声势的手段就可以让对方认输，没有人觉得做得太过火——悲哀的博弈开始了。法国驻俄国大使在日记中说："只有真正的伟人，才敢于玩这么命运攸关的游戏。我眼中的实干家此刻已成为赌徒，一举一动不仅决定未来的走向，更决定着重大事件的转折。"

谁在统治伦敦？

英国外交大臣格雷主持外交，国王乔治五世和首相阿斯奎斯都支持他。他在1905年到1916年一直担任此职并且大权在握，而同一时期的法国却换了15个外交部长。格雷是战前欧洲最有影响力的外交家。他出身于辉格党贵族世家，虽然是外交家却不懂外语也不喜欢旅行，在外国人面前表现局促。

英国在这次危机中的态度一直是模棱两可的，主要来自两党的博弈。格雷开始时并未明确表态，只是说不希望战争。这样的混乱态度信息和列强间的动态互动关系，困扰着各国的决策者们。

当时美国的政治体制是责任明确、高度集中的，外交政策掌握在总统手中。相比美国，欧洲列强则不然，权利关系模糊不清。在充满潜在冲突的关系中，当各方的鹰派占主导时，快速而出其不意的事态升级将是最终结果。

我们通过这些描述，能够在一定程度上看到当时欧洲决策者们面对复杂局势、敌方、自己和利益时的思考、纠结与决策的过程。想象股市里万千投资对手同样在和你博弈，他们的思维过程和百年前那些战争决策者有许多相似性：大多都是在信息不完整的环境下进行决策，都依赖于对其他人的行为和意图的预判，群体行为和情绪会加剧事态的发展。事实上交易对手们的某些投资决策也未必是理性和经过深思熟虑的，里面掺杂着不少个人的无厘头动机。这些难以完全认清的外部复杂性，就是那团康德的迷雾。我们从这些列强巨头们的思考、猜测、试探、分析、判断和最后的决策过程，应该可以比较直观、形象地想象出股市投资者对外部的混沌认知和内心的复杂博弈过程。

四、大战在即

7月23日奥匈帝国在法国总统离开俄国国境后，马上对塞尔维亚发出最后通牒。此时塞国首相帕希奇正在外地参加竞选活动，最后通牒送到时，他让财政大臣替他接待使者。

在与俄国沟通得到后者明确支持，本来犹豫不决的塞国在规定的时限内回复了最后通牒，委婉地拒绝了。7月28日奥匈帝国向塞尔维亚宣战，次日奥匈与塞国在边境发生短暂交火，塞军后撤并炸毁桥梁。贝尔格莱德所有适龄男子被征兵，很多人开始逃离大城市。此时58岁的大学者弗洛伊德说："三十年来我第一次感觉到自己是个奥地利人，充满自豪。"

俄国马上做出出兵的五项决定，最后一条是紧急撤回俄国在德国和奥匈帝国的一切投资。并于7月30日第一个在全国进行战争总动员，此时德国还未进入备战状态。后来的学者认为俄国积极的原因，除了对黑海海峡的渴望和企图遏制德国崛起的步伐以外，也有国内经济面临崩溃，此时发动对外战争可以转移国内矛盾的意图。然而沙皇没有想到的是，正是这场世界大战，终结了他的帝国。沙皇超出认知的预测，和他开了个大玩笑，随机性取得了胜利。

当时德国许多高级将领还在休假，德国并不认为会有世界大战。总参谋长毛奇将军7月25日才休假归来，德皇在7月悠闲地乘船到处游览，7月27日才回到波茨坦。当德皇看到战争真的迫近时，立即像泄了气的皮球一样，他的预判也超出了他的认知。

德皇7月底一直在关注英国的态度，他认为英国能阻止欧陆战争。他高估了英国在国际上的影响力，同时也低估了和平政策对英国高层的影响力。英国不想卷入战争的中立态度，让德皇心里获得宽慰。7月30日已到了极其紧要的关头，英国外交大臣格雷才召见德国驻英大使说："如果德国和法国参战，英国就加入协约国一方。如果德国不进攻法国，英国可以说服法国也不参战。"稍晚，格雷又与德国大使说英国不能对德国做出任何承诺。此时英国并未对此事召开内阁会议，格雷的谈话极其混乱，让德国政府震惊而无语。英国内部各派意见的摇摆不定，使格雷彻夜难眠。

德国有些犹豫，德皇有意取消施里芬计划（1906年制定的闪击法国的计划战法），毛奇将军气得颤抖着与德皇争吵说："战争动员一旦发出，就不能停止。"德皇还对和平抱有幻想，只是想让战争在德国、俄国、奥匈帝国及塞尔维亚间完成。7月31日德皇口谕，因俄国出兵，德国进入全面备战，并于8月1日向俄国宣战。

英国其实是当时唯一有实力进行双方斡旋的国家，但似乎没有全力争取的感觉。8月1日的英国内阁会议决定，反对对此次欧陆危机的任何形式的干预。格雷的意见没有得到内阁的支持，只有刚刚被任命的海军大臣丘吉尔等四人支持。然而次日的内阁会议出现了大逆转，决定："只要德国攻击中立国比利时或者法国沿海，英国就出兵。"这样就把德国推到引发战争的原因上，罪责在德国。中立国比利时和荷兰是英国在欧陆的桥头堡，不容侵犯，否则英国将失去登陆欧陆的大门。

协约国是法国、俄国和英国,那么德国面临腹背受敌的困境。德国必须先攻破一边,并认为西边更重要,此时德军方还认为英国不会轻易介入。由于法国在法德边界有重兵防守,德国借道比利时攻法效率更高。

于是德国向中立国比利时发出最后通牒,限十二小时答复。顿时比利时全国上下愤怒不已,人们同仇敌忾,捍卫祖国。德国立刻陷入不仁不义的境地,此举让协约国反而有了道德正义感。也许德国认识到了这个问题,六天后的8月8日,德国向比利时声明,不会侵犯比利时的财产和权益。

协约国和同盟国的军事高官们此时都很亢奋,显得喜气洋洋,但各国送别军人的站台上则是哭声一片。人们虽不渴望战争,但被爱国情绪所感染,被貌似正义的虚假报道所包围。公众对内幕一无所知,人们惊慌失措、痛苦逃亡。

英国历史学家克拉克说:"我们永远都不可能搞明白这一切究竟是怎么发生的。"一场战争是相关各国政治经济文化交织在一起所引发的。各国间除了有共同的利益,还有各自特殊且矛盾的关注点。每个国家的举动都可能引发他国进一步的反应,然而由于政策决定的不透明，其连锁反应很难被预估。这是典型的复杂系统，一战前夕列强们的思维和行动，体现了系统自组织在浪漫、随机、无厘头地运行，最终涌现出爆发惨烈世界大战的结果。这结果是他们最初想要的吗？

1914年时欧洲各国的国家治理体系还不是很成熟，在准确制定应对策略、调节冲突上有许多欠缺。而且各国频繁出现的军事动作，以及在面对高风险时各国间又是低信任度的，这种情况下的反应是风险之源。当时英国和俄国领导人间是信任度很低的，但英国还是仓促间加入俄国一方阵营。

一战是现代最复杂的历史事件之一，其根本原因至今成谜。但有一点是清楚的，那就是与这场战争的灾难性后果相比，1914年政客们的尔虞我诈所得到的利益都是微不足道的。这些高贵的普通人面对1914年的复杂局面，也是犹如盲人摸象。各自只摸到（测量）自己关心的一个侧面，但他以为他看到了整体的大象。然而，当这头大象真的狂奔起来的时候，他们才知道自己原来并没有先知先觉的能力，未来是如此的偶然、如此的荒诞。由于他们认知的局限和人性的弱点，梦游一样愚蠢的预测，把世界带入了荒谬的深渊。1914年的主角们是一群梦游者，他们悬着一颗心，但又视而不见。他们被自己的梦困扰着，却没有一个人睁开眼睛去看看，他们将带给世界的是怎样一场灾难。正如著名军事史学家基根所说："萨拉热窝事件并非一战爆发的真正原因，一战背后也没有不可告人的阴谋。短视与贪婪、自私与懦弱、平庸与激情，所有要素糅合起来，突然产生了剧烈的化学反应。在最晴朗的艳阳天，陡然来了一场暴风雨。"

我们无法知道股市中每个交易者每时每刻的想法和动机，因此就无法知晓股价走势为什么会是这样，更不知道股价未来的具体演绎过程。我们用回顾一战爆发原因的办法，多少可以窥见，在一些社会领域中，相关决策者们是怎样进行思考和决策的。股市中那些大大小小的投资者，和当年欧洲列强那些高贵的普通人一样，他们的决策过程并非那么有规律可循，往往是在误解和互动中随时改变或反复。那么，我们以史为鉴，更容易理解安心投资策略在风雨飘摇的股市中存在的必要性。超出认知的预测不是狂妄自大，便是自欺欺人。

第八章
时间的意义

爱因斯坦是从柏林乘坐火车去往巴黎的，当列车到巴黎北站时，数不清的摄影师、记者、外交官们已等候多时。这位科学名人决定在铁轨的另一侧下车，悄悄地溜走。他在纵横交错的线缆和遍布危险的提示牌中谨慎前进，最后来到一扇小门前。门外是空寂的夏佩勒大街，终于躲开了镁光灯和喧闹的人群，爱因斯坦像个孩子一样笑起来。

这一天是 1922 年 4 月 6 日，爱因斯坦应法国科学大家郎之万之邀，专程来到巴黎法国哲学学会做关于相对论的报告，却引发了他和柏格森的世纪之争。后者是在 20 世纪最初的几十年里，名声、威望和影响都远超前者的法国哲学巨擘。这场 20 世纪最伟大的哲学家和最伟大的科学家间的对话，影响深远，在 20 世纪余下的时间里被人们反复提及。这场著名的"时间之争"不仅是现代哲学和自然科学的时间观之争，也是理性与感性这两种根本的认知方式之争。投资当中的时间意味着什么？我们怎么看待持币和持股的时间长度、怎么认识长期投资和短期投资？等待是期盼还是煎熬或者是其他什么？

一、时间是什么

1. 时间的来源：熵增的舞蹈

量子力学揭示，在最小的尺度层面一切都是断开的，并不是连续的。最小的时间尺度称为普朗克时间，为 5.39×10^{-44} 秒。在这一极小时间段，我们会发现测得的时间只能有不连续的取值。时间并没有均匀地流动，而是像袋鼠一样从一个值跳向另一个值，不再是连续的。也就是说，在量子层面时间概念不复存在，这大概就是虚无与荒诞。

能把过去和未来分开的物理学定律，只有克劳修斯的热力学第二定律，也称熵增定律。它阐述了热量只能从高温物体传到低温物体，而不能反向传递。在这里时间之箭出现了，时间按照箭头的方向前进。克劳修斯引入了一个量，来量度热量的单向不可逆过程。19世纪的这位德国老教授学识渊博，他用古希腊语"熵"为之命名，在希腊语中意为"转化"。这个定律是唯一涉及时间流动的方程，它的背后隐藏着整个世界。后来，做进一步阐释的是奥地利敏感而执着的科学巨人玻尔兹曼，他凝视一杯热茶，仿佛看到了原子与分子在剧烈地运动。这种运动带动周围的一切都动起来。如果某个区域的分子是静止的，就被附近的狂热分子带动也一起运动起来；振动会传播，分子之间会碰撞。这样，低温与高温物体接触后就被加热了，低温物体的分子被高温物体的分子推动，躁动起来，它们就升温了。

茶杯里的热茶在振动，就像不停地洗一副牌。如果最初牌是按大小顺序排列的，洗牌过程就会把顺序打乱，呈现无序化，这就是熵增过程。为什么在过去是低熵呢？这是因为我们把最初牌的顺序当作特殊、有序的排列方式。我们新买的扑克牌，打开包装拿出来时的顺序是分花色、按大小顺序排列的，我们认为这样的排列就是特殊和有序的。然后我们洗牌一次、二次、三次，发现越来越打乱了原来的排列顺序，呈现出不断的熵增状态，最初的排列就被认定为是特殊的、标准的、有序的、低熵的排列。那么，假如我们观察其全部细节的话，每一种排列都是特殊的，每一种排列都是独一无二的，因为每一种排列都有其独特的一面。我们可以把洗过一次牌的顺序，认定为特殊的标准秩序，也可以把第二次、第三次直到第 n 次洗牌的顺序认定为特殊的标准秩序。如果我们从各个方面对牌进行区分，那么所有排列都是等价的，没有哪个比其他的更特殊，都可以认定是低熵。如果我们能观测到事物所有的微观状态，那么过去和未来的区别、原因和结果的区别就都消失了。

只是人类还没有能力看到微观世界的所有状态，只能以模糊和近似的方式看待宇宙，这时候"特殊性"才会出现。玻尔兹曼说，熵就是我们模糊的视野无法区分的不同排列的数量。过去的低熵、后来的熵增，都是模糊地、近似地、统计地对自然进行的描述，所以我们才感觉到过去与未来的不同，时间感才出现。过去是特殊的顺序，这是我们运用了特殊的视角，那些存在于过去的原因只是过去低熵的显现。

推动世界的根本力量是熵，确切地说是低熵源。我们美丽的地球，有着丰富的低熵源——太阳。理查德·施特劳斯在他著名的交响曲《查拉图斯特拉如是说》序曲中，将"日出"一节渲染得壮丽辉煌、气势磅礴，把一轮红日喷薄而出的情景刻画得极为深刻，表现了"日出时人类感觉到上帝的能量"。这首交响诗来源于尼采的同名著作,尼采在著作里说:"伟大的天体啊!我们每天早上恭候你,接受你充沛的光,并为此向你感恩。"太阳给我们送来炙热的光子,其中一小部分转为光合作用、万物生长。然后地球把绝大多数热量辐射到黑暗的天空,发射冷的光子。一个热光子转化为十个冷光子射向宇宙,熵增十倍。因而,太阳对我们而言,是丰富且持续不断的低熵源。太阳诞生于一个熵更低的太阳系原始星云,如此一直向前追溯,直到宇宙大爆炸前最初极低的熵。

宇宙的熵增并不都是迅速的,往往经历漫长的过程之后才有突破。许久前的宇宙,基本上是一大片氢,氢会结合成氦,氦比氢的熵高。但这一情况的出现需要开启一个大门,要等待几百万年,当氢云收缩到一定密度时,才会引发核聚变。这时大门打开了,氢燃烧成氦。令人困惑的股市何时能突破箱体,展开牛市,同样是熵增的舞蹈,打开突破大门的是公司业绩量变到质变和政策、信心的临界点。

宇宙的形成是个逐渐无序的过程,就像那副牌,一开始有序,洗牌之后变得无序。宇宙的演进是靠自组织而进行,在逐步混合过程中,或慢或快地演化。这宏大的诗篇，得益于宇宙最初的低熵滋养孕育。

时间是用来描述变化的计量，时间所对应的变化是量子态计数的变化，这是时间的本质。康德看不清的迷雾，透过玻尔兹曼模糊的视野，呈现出熵增的轮廓。人们对时间的感知，就好似我们眼睛看到五彩斑斓的颜色。世界本身没有颜色，是人类在进化过程中，为了快速应对外界，而形成的视觉感知。我们只能看到很少的一部分光谱，就只能用七色去概括世界。我们只能辨别很少的一部分熵的排列，就只能用时间去理解世界。我们也只能在宏观世界中不可避免地要回到我们自身，去感知时间。

2. 时间的感知：通过记忆的视角感知了时间

我们做什么或者什么都不做，时间都在不断地流逝。我们栖息在时间里，时间向我们打开整个世界。无论我们是否一直意识到时间的存在，都在时间的牵引下勇往直前。宇宙在未来中展开，并依照时间的秩序而存在。时间是什么？这是千百年来一直困扰人们的问题。

爱因斯坦广义相对论认为时间并不是一个独立存在的实体，而是与空间紧密耦合在一起的宇宙时空的一部分，仿佛认为时间是人类的幻觉，原本并不存在。他强调时间的相对性，时间流动的节奏由引力场决定，由爱因斯坦的方程描述。空间中的每个点都有不同的时间，比如时间的流逝在山顶要比在海边快。世界没有统一的时间，每个事物都有它自己的时间、节奏。海浪打在一棵茂密大树前面的礁石上，浪花维持形状的节奏可能是0.1秒，树叶的节奏是半年，礁石的节奏大概是几万年。物理学并不描述事物"在时间里"如何演化，而是描述事物在它自己的时间里如何演化，以及研究"时间"相对于彼此怎样演化。时间已经失去了统一性，在不同的地方，它有着不同的节奏，在此处和在彼处的流逝并不相同。世界上万事万物交织在一起，以不同的韵律在起舞。投资也有自己的节奏和韵律，安心投资法的节奏应该不是浪花和礁石，更像是四季中的大树。爱因斯坦的时间观在科学上得到实验和观察的证实，他描述了物理学中时间的某种性质。

柏格森的观点倾向于哲学的视角，他认为时间的本质是意识的绵延。认为时间是一种连续的、不可分割的过程，每个瞬间都彼此渗透，共同构成一个统一的整体。这种时间观强调时间的连续性和整体性，与爱因斯坦形成鲜明对比。绵延，把人和时间融合了，是人的意志参与时间的过程,至此时间融入了新的维度。时间不再外化于物质,而是和人类的意志共存,是人类体验的一个过程。柏格森的绵延把过去、现在、未来链接在一起。人的意识一会儿思考现在,一会儿又回忆过去,一会儿又预想未来,或者三者融合在一起同时作用于脑海。记忆把分散在时间里的过程联结在一起,这些过程组成了我们。我们现在充斥着过去的痕迹,我们的现在向往着未来。

在我们的头脑中,时间中的延续被压缩为对一段时间的感知。这样的直觉其实很古老,距今一千六百多年以前,奥古斯丁在北非海边对时间的沉思就很有名,时间的本质在他的《忏悔录》里反复被追问。如果我们一直在当下,又怎么能如此清楚地知道过去、知道时间?此时此地,没有过去,没有未来,它们在哪里?奥古斯丁得出结论,他们存在于我们的内心。他说:"它在我的头脑里,所以我才能测量它。"他用音乐对此问题进行的阐述相当精妙,在听音乐时,声音的含义由它前后的声音决定。音乐只能出现在时间里,但如果我们一直处在当下,又怎么能够听到它呢?一首歌以统一的形式存在于我们的头脑中,由某样东西把它们结合在一起,这个东西叫作时间。时间，只处于当下，并以记忆和期待存在于我们的心中。

人们探究内心对时间的感知，胜于探寻外在的时间本质，这一情形在西方哲学史上多次上演。康德在《纯粹理性批判》中讨论了时空的本质，他把时间和空间都解释为知识的先验形式，即事物不仅与客观世界有关，也与主体的认识方式有关。他注意到，尽管空间由我们的外在感官塑造，但时间是由我们的内在感官所塑造。海德格尔也认为，时间只在人类的范畴里被称为时间。

世界是我的表象，世界通过意识体现为他的世界。我们的眼睛每时每刻都看到成千上万个最终并没有留存在记忆中的细节，留在意识里的世界就是回忆。柏格森的绵延时间观念，启发了他的学生普鲁斯特。普鲁斯特的200万字著作《追忆似水年华》就是柏格森主义的绵延文学化，这部小说没有叙述世界上的事件，而是记录了一个人的记忆。他是意识流文学的先驱与大师，记录了人物每时每刻思维跳跃、时序颠倒的真实意识流动。这部作品第一卷里那个著名的场景，主人公漫不经心地吃了一口玛德莲蛋糕，马上整个贡布雷小镇的景象喷薄而出，一个已经消失的世界突然之间再现了。首先浮现的是姑妈家的房屋、花园,继而浮现周围的街道、屋宇、广场,最后浮现整个城市以及他本人在这花木繁茂、平静又富足的城市活动的情景。一块玛德莲蛋糕使模糊的记忆变成清晰的现实所获得的快意,对他来说是情感的一种神秘升华,普鲁斯特称这种失而复得的时间为"永恒的时间"。通过这个片段他探讨了无意识的回忆,以及这些回忆如何塑造一个人的身份、记忆和人生的意义。他发现了一个无限的空间,以及许多不可思议的细节、味道、颜色、深思、情绪等,这一切都在我们的记忆里,是我们心里的时间之流。

我们是事物混合在一起留下的痕迹画出来的线,朝着预期的未来,朝着熵增的方向,在这巨大而混乱的宇宙中勾勒出一个特殊的角落。记忆与我们从不间断的预期过程结合在一起,构成了我们把时间感知为时间、把自己感知为自己的来源。

1986年82岁的钢琴大师霍洛维茨终于回到阔别半个多世纪的祖国,他离开的时候是1928年。大师在莫斯科柴可夫斯基音乐学院举行了一场音乐会。音乐会接近尾声时,他返场演奏起舒曼的《童年即景》,他含泪轻轻地弹奏出这极富浓郁怀旧色彩的乐章,正是一位老者对童年美好时光的追忆。童年无数个美好片段一定从他模糊的记忆中清晰起来，带他重新回到童年，回到过去的时间里。梦境般的旋律在他指间缓缓流动，多少逝水年华再现。台下无数听众沉浸其中，沉浸在童年的时光里，忘记了脸上的泪痕。

二、时间在投资中的意义

投资和生活是两回事，有不同的使命和节奏。投资的使命是获得高收益，而投资的节奏是低频率、高幅度，服从幂律分布。生活是为了快乐与幸福，其节奏是高频率、低幅度，服从正态分布。

投资品的涨跌是一种客观的东西，不以人的意志为转移，它在康德的概念里应该属于自然界或者头顶的星空，服从自然律。我们应该把它放在四季里，任其按照自己的节律演化。能够以人的意志为转移的是选择投资策略，人有自由意志，可以按照自己的意志自由选择策略类型。比如可以选择更加适合于自己的安心投资策略，从而有效规避萨特"存在的焦虑"，这是投资者自己能够做得到的事。但投资品的运行轨迹，却不在投资者主观能力之内。

人之所以区别于自然界，是因为人不完全为外在因素所限制，他有自由选择的能力，他有自己的价值观。这些外在因素包括物质的，也包括被视为人类无法抵抗的冲动和激情的本我，你无法抵抗，被它推着走，被它压倒了。选择什么样的投资策略，取决于有什么样的世界观和价值观。价值是人们由内心生成的，个人为之奋斗的目标和结果，是主观的东西。人是目的本身，自由就在信奉之中，信奉本身对你才有价值，至于你信奉什么是另外一回事。道德是向善的意志指向的一组规范，当人把道德作为自由意志的标准时，他的行动是指向善的，源于他的潜意识里有许多善的倾向和良好的社会规范。有的人假如骨子里是把向恶的意志作为指引其行动的标准，源于其潜意识里存在不少恶的倾向，那他心中就没有道德律，有的可能是卑鄙律。正因为人是自由的，才能为自己确立法则，道德才有可能。同样，人的投资策略是取得收益的意志指向的一组规范，那么安心投资策略就是取得收益的意志指向的一组稳妥、安全、理性、克服焦虑、情绪平和的规范。因此，选择策略是根据自己的个性和实际情况，选择最符合自我的那种策略，尽量减轻本我和超我给自我的压力，这是可以自由选择的。

安心投资策略的世界观是不去预测未来行情走势，因而形成用理性、安全的方法去等待高收益到来这样的价值观。有了这样的价值观，他的投资行动才是自由的行动，才心安理得，才不纠结、不烦躁。康德说，一个听凭冲动而行动的人，不管他多慷慨；一个按照自己本性行动的人，不管他行动多么高尚；一个屈服于无从避免的压力的人，不管这个压力是来自外界或自己的性情——这个人不算是自由行动，至少不算是作为道德的载体在行动。这就是说，人只要获得了相应价值观，他才是真的理解了安心投资策略的精髓，他才能拥有自由的行动和操作。在坚实价值观下的自由，才是最高的自由。

投资的精髓不是买与卖，而是持币和持股的耐心。影响股价的因素千千万，量变是千千万因素随机作用、纠缠、演化的过程。我们不知道确切的演化时间，不知道什么时候会打开熵增的那扇门，我们只有等待。在没有买入机会时，就持币，不急不躁，不怕踏空；在卖出信号出现之前，就持股，不去过分留意小的差价机会。安心投资法告诉我们，任由变量千千万，不必心有千千结。

守住自己的节奏，不被纷繁世界万千节奏所打扰，"弱水三千只取一瓢饮"。即便跑不过大盘指数都是很正常的现象，因为指数是遍历性的，永远参与。而投资者必须首先考虑不出局和盈利，因而各种规避、进退、换股、清仓，会打断遍历性。等待的关键是从哲学的高度守住策略赋予我们的节奏。安心投资策略的投资者气质应该是从容和优雅，不去追赶列车。按照自己的步伐，能赶上就上车，赶不上就等待下一列。面对纷繁复杂的世界和千千万个节奏的舞蹈，我们能留给自己的尊严就只有优雅的气质了。价值观和策略能够塑造气质。

三、我们生活在时间里

1. 我是谁

在前面我们曾经提到过，世界不是由事物组成的，而是由事件和事件间的关系组成的。那么，人到底是什么？

世界的本质确实是事件和事件间的关系,在微观层面甚至是不连续的量子态。人类为了快速理解和反应世界的过程,会用一些固定的概念去大致、近似地描述我们的世界,把它想象为一个更容易理解的连续、均匀的过程。尽力通过聚合和分割来构想世界,这样可以更好地与世界相互作用。我们把一堆岩石和树木组成的高大实体,命名为苍山;又把苍山边上一大群水分子构成的水体,称为洱海。苍山洱海在我们的意象里有时候又派生出风花雪月的浪漫文化意境。我们的神经系统就是这样工作着,接受感官刺激,不停地加工信息,形成判断,产生行为。

世界上每个人都是独一无二的,都有各自的视角,都有与众不同对世界的映现。虽然人们都拥有共通的集体潜意识,但是也具有各自不同、千差万别的个体潜意识和独特的自我意识。人们往往一开始是从别人那里发现了自己,在周围人那里得到的反馈,形成了初步的自我观念。再通过内省和反思,逐渐寻找到了自己身份的概念。然后,再经过记忆,把分散在时间里的过程联结在一起,这些过程组成了我们。我们的现在充斥着过去的痕迹,我们是自己的历史,这是萨特的"存在先于本质",也是柏格森的绵延。我是我童年清晨沐浴到的和煦阳光,我是我青春岁月的迷茫和幻想,我是书房里阅读的沉淀。我是我的热爱、我的烦恼、我的友谊,我是我看到和听到的世界。我是我投资的感受,而我不是投资品的价格轨迹。我就是自己这部正在进行的长篇小说,我们的生活由此构成。在这个意义上讲,我们存在于时间之中,存在于绵延之中,存在于普鲁斯特的追忆之中。由于这个原因,今天的我与昨天的我是同一个人。

2. 生活在绵延中

所谓成功的标志应该是拥有更高的时间自由度。从而找到自我,找到意义,回到内心,而获得财富只是一个工具。卢克莱修说:"人类无休止地折腾自己,以期过上安宁的日子。"其实,如果能够为自己构建一个获得足够被动收入的投资组合,就有了成功的前提。当听到有人说如何才能提高自己的时间价值时,这个"时间价值"应该是在这段时间里,产生了更多自己认为有意义的事情,其中包含了更多的快乐、幸福和意义等情绪和意识的流量。要想增加生活中的快乐时光,就按照高频原则,每天多一点小确幸,只要提高快乐的频率,哪怕是平均幅度的。小确幸就是小小的快乐,能带来的幸福感却不少，而且每个小的快乐都有基本相同的满足幅度。这符合正态分布的特征，大多数小确幸的快乐指数集中于平均值附近。早餐后喝一杯茶，和家人开几句玩笑，闲暇时听听喜欢的音乐，工作之余看几页喜爱的小说，有空多和好朋友聊几句天，晚上看一部喜欢的电影……快乐在于高频率。

投资却是追求高幅度，哪怕是低频率的，其实本来就是低频率。回顾我们三十年股市指数走势图，每隔几年才有一次大牛市，频率不可谓不低，然而其涨幅却很高，动辄6倍、7倍，具体到个股10倍以上的不胜枚举。这很符合二八定律，也就是幂律分布的特征，大部分的利润产生于很短的时间段。业内有句话"三年不开张，开张吃三年"，形象地表达了投资市场的高幅度和低频率特征。当然在两个大牛市之间，每年往往都会有一两次幅度中等的反弹行情。运用安心投资法，应该能比较容易地，甚至是自动地收割到每次行情的收益。投资有它自己的节奏和频率，投资者应该尊重它，并且接受它、享受它。安心投资策略有它独特的律动、节奏和简洁，仿佛是巴赫的《平均律》，有严谨的理性、规范和纪律之美。我们只要严格按照纪律买入、持有、卖出即可，不需要情绪的参与。不存在煎熬，不存在长期投资与短期投资的差异，只是等待。在等待的日子里，是生活的舞台。

安心的被动收入，能提高人的时间价值，有更多属于自己的自由时间去享受小确幸和追求你的意义。艺术和文化为生活提供意义，对文化艺术的追求过程，就是获得意义的过程。对形而上问题的思考，不单单是为知识的增进，更多的是获得意义。

马斯洛的需求层次金字塔，包含了人类需求的五个层级。在一层半以上的需求，都是靠精神来满足，占需求的70%。我们喝咖啡的时候，吃一小块美味的蛋糕，带来每天的小确幸。我们在看普鲁斯特《追忆似水年华》里主人公吃一小块玛德莲蛋糕并且通过回忆能给人更持久的愉悦。艺术的作用在于无限地延长这种愉悦。

我们早已进入低利率时代，引导储蓄进入投资市场是世界性趋势。我们从深入追问货币的开端、分析经济的形成过程，探讨货币、证券的本质，探寻外部世界与自我内心的深不可测，到运用安心投资策略来规避这些不确定性，去获得满意的收益。所有这些，都是为了从心底里获得投资的勇气！

超出认知的预测,不是我们面对股市的明智态度,那是一种赌博。投资有风险,是因为选择了不适合自己的投资策略。拥有适合于自己的策略,就会百倍地提高投资的勇气和信心。

投资并不是我们唯一的追求,它应该是生活乐章中的一个背景伴奏旋律。生活乐章的主旋律应该是我们对自己梦想和幸福的追寻,如何把生活乐章的伴奏和主旋律完美结合是我们的长期任务。驱动我们的是我们潜意识深处不停涌动的情绪,这是我们的生命之源、活力之源,同时也是躁动之源。我们尝试用信仰、用艺术、用智慧进行疏导,用理性安抚意志,让我们理得而心安。

在法国浪漫时期古诺创作乐曲《圣母颂》时,其背景伴奏旋律是一百三十七年前巴赫的平均律。古诺在巴赫这么沉静、理性的伴奏旋律上,竟然恰如其分地加上了自己精妙绝伦的浪漫主义主旋律。悠远的乐曲始终充满着虔诚、纯洁、明朗、宁静的氛围,满怀着美好的期盼、向往和克制。难得的是,古诺将巴赫的伴奏旋律和自己的主旋律结合得天衣无缝,浑然一体。前些年我和妻子、女儿一起在悉尼歌剧院聆听巴赫作品音乐会,在这样壮丽的后现代主义建筑里,听古典音乐,颇感时空

后记

大约三年前，我昔日的一位同学建议我写一本关于投资策略的书，并且希望最好是能让刚入市的普通投资者也看得懂。我觉得这是一件很有意义的事情，毕竟在低利率时代许多人都有证券投资的需求。于是，我就开始收集资料、着手写作，大概写了几万字之后，发现为了追求浅显易懂，反而对很多问题的探讨都停留在表面，无法触及问题的实质，而我的本意是要更加深入地挖掘问题的深层原因和底层逻辑。后来我领悟到如果能够写得比较深入，那么无论对于初学者还是有经验的投资者来说，其实都更有帮助，也会尽早地探究问题的本质层面。因此写作就暂停下来，重新进行思考之后，我在今年春节过后又重新动笔写第二稿。从深入探讨经济和货币的形成过程，到上市公司变化之中的基本面、投资者内心各种声音的博弈，再到探寻一条安心投资之路。

近日再次来到杭州，初冬的西湖有一种独特的美，梧桐叶金黄、枫叶正红，远山仿佛淡雅的水墨画。我在浙江博物馆新馆看到的两枚五万年前古人类的脚印，是两年前在湖州太傅庙遗址刚刚被发现的我国迄今为止最久远的古人类脚印。面对五万年前的人类足迹，旧石器时代好像有了温度，真实、亲切了许多。仿佛看到了人类从洪荒的石器时代一步一步走过三皇五帝、先秦汉唐、文艺复兴、工业革命，直到今天正在跨入人工智能时代的入口。

今天人类能和AI聊天、汽车能够自动驾驶，AI已经渗透到无数应用场景，也进入了投资领域。人工智能在未来一定会高速发展，在社会各个方面给人类带来巨大的帮助和福祉。在证券投资领域AI目前的迅速海量数据处理能力，和不受情绪干扰的能力，已经超过人类。我们人类的优势是在面对变幻莫测的市场环境时，能够依靠直觉判断和综合经验快速做出创造性应对。那么未来AI会具备直觉和创造性吗？AI能够在证券市场中战胜人类吗？这是个有趣的问题。不管怎样，我们来到了新的康波大经济周期的开端，人工智能开启了新技术革命时代。那部美国老电影《未来世界》的场景时常浮现在我眼前，AI会成为我们的敌人吗？

1968年人类第一次登上月球，意外发现了地球是如此的美丽，那张从月球拍摄的地球照片打动了无数人的心。我们只能看到蔚蓝的大海、曼妙的白云和依稀的陆地，看不到国界，看不到纷争。宇宙创造了如此美丽的地球，坚信人类有智慧绝不允许AI、邪恶和反文明势力打败人类，人们会守护好茫茫宇宙中这颗宝贵而美丽的星球。

人类有本我里无法选择的贪婪、自私、恐惧的基因，也有超我中道德、怜悯的良知。我们不怕AI拥有意识，就怕人类失去良知。AI的核心是数据和算法，而数据是由人类提供的，算法的目标也是人类设定的。如果某些人丧失了良知，他们会用AI来放大自己的利益，甚至引导AI拥有邪恶基因或者让AI执行一些超越人类伦理底线的行为。科技本身并没有道德属性，关键在于人类如何使用它。我们不应该只注重AI本身的进化，应该更加关注如何确保人类的道德和责任感不被遗忘。一方面，应该抓紧立法，建立AI伦理规范，确保AI的使用符合人类价值观；另一方面，应该加强科技监督，防止技术被滥用。这样 AI 会永远是我们的好朋友。

AI 目前在高频交易、量化交易、套利交易等短线策略上几乎已经战胜了人类，将来会自我迭代进化出更出神入化的投资策略。然而人类仍然有许多独特的优势，更加高瞻远瞩地在投资领域占据主导地位。许多优秀投资者依赖深度思考、商业直觉和宏观经济分析进行决策，而 AI 难以真正理解这些复杂的经济逻辑。AI 的学习需要数据，而市场的变化可能是突发的，例如政策调整、战争、疫情等。证券市场不仅是数字和数据的博弈，更是人类心理、政策变化、国际局势等因素的综合体。AI 虽然可以分析市场情绪，但它依然难以理解"非理性繁荣"或"恐慌性抛售"背后的真实动机，难以预测和应对极端情况，例如 2020 年 3 月美国股市暴跌，曾经发生四次熔断，许多 AI 交易系统在短时间内亏损严重。未来最强大的投资者可能不是单纯的人类或者 AI，而是人类与 AI 的融合。人类负责战略思考，AI 负责数据驱动的执行。安心投资属于战略层面的方法论，可以与 AI 实现有效的融合。

技术在飞速进步，世界在纷争中前行，我们不仅有头顶的星空，还有心中的道德律，相信人类主流依然会用理性拥抱世界，超越不确定性，正如我们用安心投资法面对市场先生。

拙作乃一孔之见，难免挂一漏万，本书提出的安心投资策略只是更多地进行了理论和原则的探讨，如果在实战中运用的话，还需要积累大量经验和思考。期待与大家通过电子邮件继续探讨这些有趣的话题。

于沪

2024 年 12 月 15 日于上海

作者邮箱：yuhu2808@163.com

今日头条号：投资哲学

编后语

本书运用现代量子世界观，透过深邃的历史与哲学视角，深入追问货币的开端、分析经济的形成过程，探讨货币、证券的本质，探寻外部世界与自我内心的层层谜团，揭示了历史进入低利率时代后，投资已经成为人们不可回避的一种生活方式。面对投资风险，本书提出的安心投资策略从根本上实现了低风险与高收益的兼容性，只有确定性才是获得长期投资收益的有效途径，从内心深处为投资者鼓起投资的勇气，并以可转债为例，阐释了安心投资策略的具体实战应用方法。同时探索了时间的来源、本质以及时间在投资中的意义。投资有风险，是因为选择了不适合自己的投资策略，拥有适合自己的策略，就能极大提高投资的勇气和收益。

Using a modern quantum world view and a profound historical and philosophical perspective, this book deeply questions the beginning of currency, analyses the formation process of economy, explores the nature of money and securities. The author analyses the mysteries of the external world and human inner self which is deeply related towards human decisions. After entering the era of low interest rates, to put money in the investment has become an unavoidable way of life. Facing investment risks, the Asymmetry Investing strategy proposed in this book fundamentally achieves a low risk and high return, and summons the courage for investors to invest. Taking Convertible bonds (CB) as an example, this book explains the practical application of the Asymmetry Investing strategy. Meanwhile, it also explores the source, essence and significance of time. The common sense is that investment is risky for most people, because most people choose an investment strategy that is not suitable for them. Therefore, having a strategy of investment that is suitable for you will greatly improve the courage and profits of your investment.